HEYNE <

Dr. Bastian Willenborg

KIND, DU MACHST MICH WAHNSINNIG!

Wie uns in der Erziehung unsere eigenen Muster in die Quere kommen

unter der Mitarbeit von Claus Peter Simon

WILHELM HEYNE VERLAG
MÜNCHEN

Sollte diese Publikation Links auf Webseiten Dritter enthalten, so übernehmen wir für deren Inhalte keine Haftung, da wir uns diese nicht zu eigen machen, sondern lediglich auf deren Stand zum Zeitpunkt der Erstveröffentlichung verweisen.

Penguin Random House Verlagsgruppe FSC® N001967

2. Auflage Originalausgabe 08/2022

Copyright © 2022 by Wilhelm Heyne Verlag, München,
in der Penguin Random House Verlagsgruppe GmbH,
Neumarkter Straße 28, 81673 München
Umschlaggestaltung: Favoritbuero
Umschlagfoto: GettyImages / Lisa5201
Satz: Satzwerk Huber, Germering
Druck: CPI books GmbH, Leck
Printed in the Czech Republic
ISBN: 978-3-453-60595-4

www.heyne.de

Für meine Kinder

Inhalt

Vorwort

Wir alle kennen diese Momente, in denen unsere Geduld erschöpft ist. In denen wir unseren Kindern nicht mehr wohlwollend begegnen. Sondern uns überfordert fühlen, laut rumschreien, zu harte Worte wählen. Und manchmal – in Situationen schierer Verzweiflung – sogar mit einem zu festen Griff am Arm oder gar Ärgerem reagieren.

Was bringt uns Eltern dazu? Was ist da los, wenn das Lächeln eines Babys, die ersten klugen Sätze des Kleinkinds, das ausgelassene Toben eines Heranwachsenden nicht mehr das Gefühl von Glück auslösen? Sondern nur noch den Wunsch, in Ruhe gelassen zu werden und nicht mehr zuständig sein zu müssen? Wenn wir ständig rufen möchten: »Kind, du machst mich wahnsinnig!«

Und vor allem: Wie können wir die nagenden Schuldgefühle überwinden, die eine solche Überforderung so oft mit sich bringt?

Wir alle möchten »gute Eltern« sein, informieren uns über neue Erziehungskonzepte und versuchen, unser Verhalten zu verändern. Doch mitunter müssen wir die bittere Erkenntnis verarbeiten, den eigenen Erziehungsansprüchen dennoch nicht gerecht zu werden.

Wie gehen wir dann um mit dem Gefühl zu scheitern?

Und was ist die tieferliegende Ursache, wenn die Probleme mit den Kindern nicht irgendwann von selbst verschwinden, sondern sich zu einer erschöpfenden Dauerschleife aus Streit und Überforderung entwickeln?

Gestresste Mütter und Väter gibt es nicht erst, seit Begriffe wie »Helikoptereltern« oder »Regretting Parenthood« (Eltern, die bereuen, Eltern geworden zu sein) in der Debatte um gute Erziehung auftauchen. Es gibt sie schon lange. Doch ein grundsätzlicher Ausweg aus der elterlichen Belastung scheint nach wie vor nicht in Sicht.

Uns begegnen zwar viele gut gemeinte Ratschläge, wie wir gelassener oder achtsamer werden können. Nur: Diese Tipps helfen, wenn überhaupt, oft nur sehr kurzfristig.

Als Psychiater und Psychotherapeut stehe ich der Idee, Eltern sollten einfach ihre Ansprüche an die Erziehung ihrer Kinder reduzieren, kritisch gegenüber. Der Ausweg aus der Überforderung besteht aus meiner Sicht darin, dass sich Eltern als Erwachsene verhalten. Als Erwachsene, die die Bedürfnisse ihrer Kinder angemessen erfüllen. Und die sich über ihre eigenen Bedürfnisse im Klaren sind.

Es ist zweifellos wichtig, auch als Erwachsener eigene Bedürfnisse erfüllt zu bekommen. Aber zum Erwachsensein gehört die Erkenntnis, dass dies eben nicht immer möglich ist. Daher ist es entscheidend, mit der daraus entstehenden Frustration angemessen umzugehen.

Das jedoch fällt vielen Eltern schwer. Denn ihre eigenen nicht erfüllten Grundbedürfnisse stehen ihnen dabei im Weg. Das hat meiner festen Überzeugung nach nichts mit persönlichem Versagen oder gar bösem Willen zu tun. Sondern damit, dass zahlreichen Müttern und Vätern, sobald sie Kinder haben und es zu Erziehungsproblemen kommt, ihre eigenen

»Baustellen« oft erstmals offenbar werden. Und ihnen alte Wunden ins Blickfeld geraten.

Ausgehend von meiner beruflichen Erfahrung mit Eltern in der Krise möchte ich in diesem Buch vor allem zweierlei vermitteln: Wie Eltern, die mit der Erziehung ihrer Kinder überfordert sind, ihre eigenen kindlichen Bedürfnisse kennenlernen und besser verstehen können. Und wie sie durch eine gezielte Auseinandersetzung damit zu einem erwachseneren Ich und größerer Erziehungskompetenz finden können.

Das hat enorm positive Folgen: Mütter und Väter können dadurch dann bestmöglich dazu beizutragen, dass die eigenen Kinder sich zu starken und zufriedenen Menschen entwickeln. Und sie können deren Heranwachsen mit Gefühlen der Zuneigung begleiten.

Lassen Sie uns gemeinsam schauen, wie auch Sie zu zufriedenen und ausgeglichenen Eltern werden können! Lassen Sie uns Ihr Erziehungs-Potenzial heben!

Einleitung

Dieses Buch ist kein Buch für Kinder, sondern eines für Mütter und Väter. Oder besser gesagt: für die Kinder, die alle Mütter und Väter früher einmal gewesen sind.

Von Schwierigkeiten bei der Erziehung kann wohl jeder Elternteil berichten. Die Probleme entstehen meistens in einem Spannungsfeld: Auf der einen Seite bringen Mütter wie Väter einen gut gemeinten, energiegeladenen Aktionismus mit. Der zielt darauf, die Kinder auf die zahllosen Eventualitäten des Lebens gut vorzubereiten, ihnen dabei zu helfen, die Klippen des Größerwerdens unfallfrei zu umschiffen. Auf der anderen Seite erleben sie häufig Frustrationen, sind persönlich überfordert und haben das Gefühl, ihrer Erziehungsaufgabe letztlich nicht gewachsen zu sein.

In meiner Arbeit als Psychiater und vor allem als Psychotherapeut spielen Erziehungsthemen immer wieder eine wichtige Rolle. Ich habe die Probleme vieler Eltern an Extrembeispielen kennengelernt: durch die Geschichten meiner Patienten. Ihre Erfahrungen zeigen mir wie unter einem Brennglas, was in vielen Familien schiefläuft, warum es immer wieder zu typischen Trigger-Situationen kommt.

Die Erkenntnisse, die ich aus zahlreichen Psychotherapien gewonnen habe, sind für mich der Grund gewesen, diesen

Ratgeber zu schreiben. Natürlich steckt nicht hinter allen Erziehungsproblemen eine psychische Erkrankung. Aber aus den exemplarischen Fällen meiner Patienten lässt sich viel Hilfreiches auch für das »normal-problematische« Alltagsleben mit Kindern ableiten.

Nicht wenigen meiner Patienten wird erst im Zuge einer Therapie klar, was in ihrer eigenen Erziehung nicht gut gelaufen ist. Dass dies womöglich sogar einer der Gründe für ihre psychische Erkrankung ist. Dann reift in vielen die Erkenntnis, dass sie Gefahr laufen, eben das, was ihnen in der Kindheit widerfahren ist, heute an ihre eigenen Kinder weiterzugeben.

Beispielsweise erzählen mir sowohl Mütter als auch Väter, die sehr streng von ihren Eltern erzogen worden sind, dass sie wiederum streng zu ihren eigenen Kindern sind. Sie geben ihre Erfahrungen oftmals an die nächste Generation weiter, da ihnen alternative Strategien nicht zur Verfügung stehen.

Sicherlich, wir alle profitieren von den Erfahrungen anderer Menschen, vor allem von denen unserer Eltern. Insofern ist ein erlerntes Verhalten in vielen Fällen absolut sinnvoll, beispielsweise um im Straßenverkehr Gefahren zu vermeiden. Im Bereich Erziehung ist es jedoch wichtig, genau zu schauen, ob das Bekannte tatsächlich hilfreich oder eher hinderlich ist. Diese Abwägung unterscheidet eine bewusste Erziehung von einer Erziehung, die gewissermaßen auf Autopilot läuft. Und manchmal dann in die falsche Richtung.

Meiner Überzeugung nach ist nicht das Traditionelle, das »So-war-es-immer-schon-und-so-wird-es-weiterhin-sein« eine stabile Grundlage dafür, Kinder beim Aufwachsen zu begleiten, sie dabei zu unterstützen, ein selbstbewusster, zufriedener und toleranter Erwachsener zu werden. Entscheidend ist vielmehr die bewusste und dauerhafte Auseinandersetzung mit unseren eigenen erfüllten und unerfüllten Bedürfnissen. Welche sind womöglich in unserer eigenen Erziehung zu kurz gekommen? Welche unserer unerfüllten Bedürfnisse bewirken, dass das Verhalten unserer Kinder uns aus der Haut fahren lässt? Warum erscheint unsere eigene Erziehung, die uns vielleicht gelungen erschien, in ganz anderem Licht, seitdem wir selbst Kinder erziehen?

Mit Hilfe dieses Buches können Sie diese Fragen ergründen und einer Antwort nahekommen. Denn zu wissen, was unsere Bedürfnisse sind und wie wir sie uns erfüllen können, hat grundlegend positive Auswirkungen auf unser gesamtes Leben. Und damit auch auf die Erziehung der eigenen Kinder.

Die bewusste Entscheidung für Kinder verpflichtet uns Eltern, ihre emotionalen Grundbedürfnisse zu erfüllen, denn das ist essenziell notwendig für ein gesundes Aufwachsen. Dies gelingt nur, wenn wir die Erziehung jedes unserer Kinder individuell und an dessen Bedürfnissen orientiert gestalten. Insofern ist es für uns als Eltern unabdingbar, die Bedürfnisse unserer Kinder zu erkennen, und diese auch, so weit wie möglich, zu berücksichtigen.

Wenn wir die gesamte Klaviatur aus Bedürfnisbefriedigung, aber auch Bedürfnisfrustration und Bedürfnisaufschub kennen und nutzen, können wir dauerhaft zufriedene Eltern von zufriedenen Kindern sein. Denn ebenso wichtig, wie Bedürfnissen nachzukommen ist es, dass Eltern ihre eigenen Bedürfnisse und die der Kinder abwägen. Das heißt im Zweifel, ein Bedürfnis auch aufschieben zu können und es auszuhalten, es nicht immer und sofort erfüllt zu bekommen – denn ohne diese Fähigkeit gelingt Zusammenleben nicht. Allein schon, weil im Alltag mit Kindern ständig unterschiedlichste Bedürfnisse aufeinandertreffen.

Auch an mir als Vater von zwei Söhnen geht die therapeutische Begleitung meiner Patienten nicht spurlos vorüber. So gleiche ich mein Verhalten immer wieder ab an jenen Erfahrungen, die meine Patienten gemacht haben. Ich erkenne dann eigene Muster, hilfreiche und weniger hilfreiche. Frage mich mitunter, ob ich meinen Kindern gegenüber die richtigen Strategien anwende. Und was ich besser machen könnte. Die Erkenntnisse sind nicht immer erfreulich, aber sie helfen mir, bringen mich weiter.

In den folgenden Kapiteln werden Sie meine Einsichten begleiten – besonders in den verschiedenen Fallbeispielen von Patienten (wobei die Namen der Patienten aus Gründen des Persönlichkeitsschutzes verändert sind). Ich werde auch Nuancen meiner eigenen Unsicherheiten, Zweifel und Hilflosigkeit nicht verschweigen. Und gleichzeitig von der Freude, der Ausgelassenheit und vor allem dem Quatsch berichten, den ich mit meinen Kindern erlebe.

Einer der entscheidenden Anlässe für dieses Buch gab mir ein Treffen mit einem guten Freund und seinem damals sechs Monate alten Sohn. Markus war damals in Elternzeit und ich hatte ihm versprochen, ihn nach Dienstschluss am frühen Abend zu besuchen. Schon unten an der Tür konnte ich hören, dass sein Sohn lauthals schrie. Als mein Freund die Tür öffnete, blickte ich in sein sichtlich erschöpftes und höchst angespanntes Gesicht.

Er bat mich, seinen Sohn kurz auf den Arm zu nehmen, er selbst könne einfach nicht mehr. Er fragte mich, ob es in Ordnung sei, wenn er ein paar Minuten vor die Tür gehen würde. Selbstverständlich bejahte ich seinen Wunsch. Wir sind schließlich gemeinsam spazieren gegangen, mit seinem Sohn im Kinderwagen. Der schlief nach kurzer Zeit ein.

Mein Freund erzählte mir während des Spaziergangs von seinem Tag. Sein Sohn habe über eine Stunde ohne Unterbrechung geschrien. Er selbst habe nicht mehr gewusst, was er hätte tun können. Füttern, wickeln, nichts hatte geholfen. Markus war regelrecht verzweifelt, er wirkte hoffnungslos.

Ich fragte ihn, ob es neben der Schreiattacke noch mehr gebe, was ihn bedrückt. Markus berichtete, dass er die gesamte Erziehungssituation unterschätzt habe. Er habe den Eindruck, dass er dem Ganzen nicht gewachsen sei. Dass seine Frau viel besser mit ihrem gemeinsamen Sohn umgehen könne als er, weil solche Schreitiraden nur vorkämen, wenn er seinen Sohn betreute.

Markus Frau hatte, unter anderem weil ihr Job besser bezahlt war, nach fünf Monaten wieder zu arbeiten begonnen. Nun sorgte er sich, ihr von seinen Problemen zu erzählen, weil er nicht wollte, dass sie sich schlecht fühlt. Er wusste, dass sie einerseits zwar gerne wieder zur Arbeit gegangen ist, es ihr andererseits aber auch schwerfiel, vom Alltag des Sohnes nur wenig mitzubekommen.

Da ich Markus und seine Lebensgeschichte schon sehr lange kannte, fiel mir eines sofort auf: Sein Verhalten hatte offensichtlich mit Erfahrungen aus der Vergangenheit zu tun. Markus' Vater war gestorben, als er noch zur Schule ging. Seine Mutter hatte seitdem allein gelebt. Markus hatte sich sehr um sie gekümmert, hatte versucht, Schwierigkeiten weitestgehend von ihr fernzuhalten. Vor allem auch seine eigenen Sorgen.

Ich gab Markus vorsichtig zu verstehen, dass seine Frau ja nicht seine Mutter sei. Und dass er sich sicher sein könne, dass seine Frau die Schwierigkeiten, die er mit dem gemeinsamen Sohn hat, bestimmt gut versteht. Dass es zudem für alle Beteiligten hilfreich wäre, seine Sorgen mit ihr zu teilen.

Markus musste zunächst schlucken, als ich seine Frau mit seiner Mutter verglich. Dann aber konnte er darüber lachen und verstand, was ich sagen wollte. Kurz darauf hat Markus sich ein Herz gefasst und seine Bedenken und Sorgen seiner Frau gegenüber angesprochen.

Sie erzählte daraufhin, dass sie selbst ganz ähnliche Gefühle gehabt habe. Anfangs sei sie unsicher im Umgang mit dem Sohn gewesen, habe sich oft gefragt, ob sie alles richtig mache. Der Austausch mit anderen Müttern habe ihr dann sehr geholfen. Die Gespräche haben dazu geführt, dass Markus seine Einstellung ändern konnte. Er begriff, dass er nicht perfekt sein muss und dass seine Frau das auch nicht erwartete. In der Folgezeit war er deutlich weniger angespannt. Das hat sich auch auf seinen Sohn übertragen, zu derart heftigen Schreiattacken ist es nicht mehr gekommen.

Was ich mit diesem Beispiel sagen möchte: Die eigenen Verhaltensmuster erkennen, zu verstehen, wie sie entstanden sind, daraus zu lernen und sein Verhalten gegebenenfalls zu ändern oder anzupassen – das ist essenziell wichtig für die Erziehung der eigenen Kinder. Die verschiedenen Übungen für den Alltag, die ich Ihnen im Buch vorstelle und nahebringen möchte, können Sie auf dem Weg unterstützen.

In jeder Familie gibt es ungeschriebene Verhaltensmuster und Regeln, die einen Großteil des Zusammenlebens bestimmen. Es stabilisieren sich vor allem jene Muster, die aus Sicht des Kindes dessen individuelle Bedürfnisse am besten befriedigen. Und ganz gleich, wie alt ein Kind ist: Tief im Inneren bleibt es auch als Erwachsener der kleine Junge, der seine kritische Mutter zufriedenstellen will. Oder es sucht sich als junge Frau immer wieder genau jene berufliche Position, die der Vater erwartet hat.

Jeder Elternteil hat gewisse Vorstellungen davon, wie die eigenen Kinder sein sollen. Sowohl was ihr Verhalten als auch ihre Persönlichkeit betrifft. Bis zu einem gewissen Grad ist das auch völlig normal und sinnvoll. Problematisch wird es jedoch, wenn aus Erwartungen festgefahrene Forderungen werden. Denn halten Eltern an unerfüllbaren und hohen Erwartungen fest, bringen sie ihrem Kind bei, dass die Zuneigung von Vater und Mutter an Bedingungen geknüpft ist. Dass es nicht um seiner selbst willen geliebt wird, sondern eine Projektionsfläche der elterlichen Vorstellungen ist. Dabei ist es ganz normal, dass Kinder sich ihren Eltern gegenüber loyal verhalten. Aber die Loyalität ist eben nicht frei gewählt, sondern entsteht dadurch, dass die Eltern für ihre Kinder sorgen: Ihre Beziehung ist immer auch ein Abhängigkeitsverhältnis.

Idealerweise beruht die Loyalität auf Liebe, enger Bindung und Gerechtigkeit. Doch wenn wichtige, unabhängig getroffene Entscheidungen des Kindes zu seiner eigenen Lebensplanung nicht mit den Wünschen der Eltern übereinstimmen, entsteht oft ein innerer Zwiespalt für das Kind. Letztlich stehen alle Menschen vor der Aufgabe, sich ein Stück weit von der eigenen Familie zu lösen, ohne sich komplett von ihr abzuwenden. Eltern können ihre Kinder bei diesem Ablösungsprozess unterstützen. Sie können sie aber auch behindern. Wenn das der Fall ist, hält das Kind oft lebenslang an den Mustern fest, die sich in der Kindheit geformt haben.

Mit diesem Buch möchte ich eine Anleitung für überforderte Eltern schreiben. Eine Anleitung, die Ihnen hilft, selbst solche Muster zu erkennen, so wie ich sie bei meinen Patienten und später auch bei mir selbst erkannt habe. Ich zeige Ihnen, wie Sie diese Muster durch die Arbeit an Ihren unerfüllten, emotionalen, kindlichen Grundbedürfnissen durchbrechen können. Ich hoffe, dass ich Ihnen und Ihren Kindern mit diesem Buch das Leben ein kleines Stückchen leichter machen kann.

Der effektivste Weg, hinderliche Muster zu erkennen, sie zu vermeiden und hilfreiche Verhaltensweisen in der Erziehung anzuwenden, ist für mich das schematherapeutische Denken. Auf dieser besonderen Herangehensweise basiert meine therapeutische Arbeit – und auch dieses Buch. Ich bin sicher, dass diese besondere Form der Verhaltenstherapie vielen Menschen, mich eingeschlossen, hilfreich zur Seite stehen kann. Vor allem dann, wenn wir wieder einmal ausrufen möchten: »Kind, du machst mich wahnsinnig!«

Worüber wir sprechen

In aller Kürze möchte ich Ihnen wichtige Begriffe der Schematherapie vorstellen, die Ihnen im Buch immer wieder begegnen werden:

Schema

In der Kindheit entwickelte Verhaltensmuster, die aus Erinnerungen, Emotionen, Gedanken und Körperempfindungen entstehen. Wenn kindliche Grundbedürfnisse nicht gut befriedigt wurden, entstehen Schemata, die von Misstrauen, Angst oder Negativismus geprägt sein können. Diese gilt es zu erkennen und zu überwinden. Denn Schemata wirken machtvoll im Hintergrund und steuern uns gewissermaßen wie ein Autopilot.

Modus

Das »Programm«, das in einem Moment unser Verhalten steuert. Gewissermaßen der »Film«, der gerade läuft, der unser Denken, Fühlen und Handeln bestimmt. Der Modus ist der aktuelle Persönlichkeitszustand, der durch unterschiedliche Emotionen, Schemata und die Reaktionen darauf gekennzeichnet ist. In der Regel gibt es mehrere Modi in uns, die aktiv sein können. Ein Modus ist immer aktiv – im besten Fall der »gesunde Erwachsene«.

Stuhldialog

Eine therapeutische Technik, um Emotionen zu aktivieren. Dazu werden mehrere leere Stühle um den Patienten aufgestellt, die unterschiedliche Persönlichkeitszustände (Modi) des Patienten repräsentieren. Der Patient wechselt dabei die Stühle, um sich in unterschiedliche Zustände zu begeben. Therapeut und Patient können diese dann aus einer Vogelperspektive betrachten, analysieren und bewerten.

Nachbeeltern

Therapeutische Tätigkeit, die dem Patienten gewissermaßen eine gezielte nachträgliche elterliche Fürsorge zukommen lässt – eine Art der Hilfe, die er schon als Kind gebraucht hätte. Der Therapeut verhält sich dabei in begrenztem Maße wie ein guter Elternteil. Dadurch können Patienten nacherleben, was ihnen früher verwehrt wurde. Sie können neue Erfahrungen in Bezug auf ihre Grundbedürfnisse machen, etwa durch gemeinsame Imaginationen mit dem Therapeuten.

Gesunder Erwachsener

Das Ziel der Therapie: Der Patient soll im Modus des gesunden Erwachsenen handeln. Das bedeutet, dass es ihm gelingt, mit einem liebevoll-vernünftigen Blick auf sich selbst verschiedene Strategien im Umgang mit Problemen flexibel einzusetzen. Auf diese Weise kann er auch zu einem guten Umgang mit den eigenen Kindern finden.

1. Erziehung ist Arbeit – und wenn man sie gut macht, macht sie Freude!

Erziehung ist Arbeit. Was nicht heißen soll, dass sie keinen Spaß machen darf. Aber bei aller gemeinsamen Freude, die man mit seinen Kindern haben kann, darf man diesen Unterschied nie vergessen: Wir – die Eltern – tragen die Verantwortung dafür, dass dieses Unterfangen den Umständen entsprechend so gut wie möglich gelingt.

Und so erfreulich es ist, wenn einigen Eltern das Erziehen leicht von der Hand geht: Für viele Eltern gilt das nicht. Aber selbst dann, wenn es völlig unproblematisch zu laufen scheint, ist es überaus wertvoll, gelegentlich innerlich einen Schritt zurückzutreten. Gewissermaßen aus der Vogelperspektive auf die Situation zu schauen und sich zu fragen, ob das Zusammenleben von allein so unkompliziert läuft oder ob die Kinder sich anpassen, weil sie Angst haben, ihre Eltern zu überfordern.

Dieses Phänomen hat die Psychologin Alice Miller in ihrem Buch »Das Drama des begabten Kindes« schon 1979 auf den Punkt gebracht. Das Drama, so führte sie aus, besteht darin, dass begabte, sehr sensible Kinder schon früh die Bedürfnisse der Eltern spüren und sich ihnen anpassen. Indem sie lernen, ihre intensivsten, aber unerwünschten Gefühle zu unterdrücken. Auf diese Weise wird ein wichtiger Teil ihres wahren Selbst nicht in die Persönlichkeit integriert, was viel psychisches Leid verursacht.

Alice Miller hat unsere heutige Idee von Erziehung geprägt. Doch sie selbst hatte ihr Kinder nicht gemäß der eigenen Ideale erzogen, sondern einige gravierende Erziehungsfehler gemacht. Aber so ist das mit uns Therapeuten: Oft ist unser professionelles Interesse auch von privaten Themen getrieben. Und Fehler zu machen, gehört zur Erziehung. Es ist nicht entscheidend, sie um jeden Preis zu vermeiden, sondern: aus Fehlern zu lernen.

Natürlich sind wir alle im Privaten Menschen, denen längst nicht immer alles gelingt. Aber je besser wir in der Lage sind, dies anzuerkennen, desto besser können wir auch mit unseren Kindern umgehen. Und so ist auch mir vieles, von dem mir meine erwachsenen Patienten berichtet hatten, erst klarer geworden, seitdem ich selbst Kinder habe. Ich habe begriffen, dass Mütter und Väter, deren emotionale Bedürfnisse in der Kindheit nicht ausreichend befriedigt wurden, sich nicht nur sich selbst im Weg stehen. Sondern dass ihre eigenen kindlichen Anteile, ihre negativen Selbstkonzepte und ihre nicht erfüllten kindlichen Bedürfnisse auch ihrer Fähigkeit und Bereitschaft im Weg stehen, den eigenen Kindern zu geben, was sie brauchen.

Das Dramatische daran ist, dass vielen Eltern ihre Unzulänglichkeiten mehr als bewusst sind, es ihnen aber dennoch nicht gelingt, anders zu handeln. Sie stecken in einer Art Teufelskreis fest: Sie werden ihren eigenen Ansprüchen nicht gerecht, verlieren sich daraufhin in Schuldgefühlen und Selbstvorwürfen – und versuchen schließlich, durch einen Befreiungsschlag aus der gefühlten Schuld auszubrechen. Was dazu führt, dass sie an ihren überhöhten Erwartungen scheitern und der Kreislauf von vorne beginnt.

Viele Ratgeber setzen genau dort an und empfehlen, einfach die eigenen Ansprüche zu reduzieren, weniger zu »helikoptern« und dadurch entspannter zu werden. Doch dieser Ansatz ist nur teilweise sinnvoll und wird leider gerne missverstanden. Die eigenen Ansprüche runterzuschrauben ist nur ratsam, wenn diese zuvor unangemessen hoch waren.

Wer freiwillig und wissentlich Kinder zeugt und in die Welt setzt, ist damit auch eine Pflicht eingegangen. Hinter die sollte und darf man nicht einfach so zurücktreten. Wir stehen unseren Kindern gegenüber in der Pflicht, uns nicht im Larifari, im Ungefähren zu verlieren. Sondern vielmehr unser Möglichstes zu tun, um den angemessenen Ansprüchen gerecht zu werden.

Um es noch einmal auf den Punkt zu bringen: Elterndasein bedeutet die Erfüllung einer Pflicht, die man mit der Entscheidung für Kinder eingegangen ist. Nicht die Erziehungsansprüche müssen den eigenen elterlichen Bedürfnissen angepasst werden. Sondern Mütter und Väter sollten eine ausreichend innere Reife erlangen, um ein erwachsener, werteorientierter Elternteil sein zu können.

Das Geheimnis des Gelingens besteht darin, uns selbst dazu zu befähigen, in anstrengenden Zeiten nicht von den eigenen unbefriedigten emotionalen Bedürfnissen aus der Kindheit eingeholt zu werden.

Damit Sie besser verstehen, was ich damit meine, möchte ich anhand zweier typischer Elternpaare erläutern, wie einem bei der Erziehung der Kinder die eigene Kindheit in die Quere kommen kann. Die Beispiele sind zugegebenermaßen überspitzt, machen aber zwei Pole der Erziehung deutlich.

Die Erziehung des ersten Elternpaares ist davon geprägt, die Kinder auf die Herausforderung der Welt vorzubereiten. Sie sollen mit anderen mithalten können und in unserer Leistungsgesellschaft bestehen. Für das Paar zählt vor allem eine gute Ausbildung, und in der Freizeit werden qualitativ hochwertige Angebote in Anspruch genommen. Beides zusammen soll das Kind rundum perfektionieren. Diese Eltern organisieren für ihr Kind eine fremdsprachliche Babysitterin, bringen es zur musikalischen Früherziehung und später zum regelmäßigen leistungsorientierten Sportangebot.

Ihr Erziehungsmuster läuft unhinterfragt ab, was dazu führt, dass die Eltern nicht selten auf andere Eltern herabschauen. Schwierig wird es, wenn sie sich selbst dann nicht hinterfragen, wenn die Kinder auffällige Verhaltensweisen entwickeln. Etwa im Schulalter noch ins Bett machen. Oder im Spiel mit anderen Kindern übermäßig aggressiv sind. Nicht wenige meiner kinder- und jugendtherapeutischen Kollegen beklagen sich regelmäßig, wie schwer es solchen Eltern zu vermitteln ist, dass sie einen wesentlichen Anteil an den Schwierigkeiten des Kindes haben.

Ganz anders bei dem zweiten Elternpaar. Sie sehen die Bedürfnisse ihrer Kinder schon dann, wenn die Kinder selbst noch gar nichts davon ahnen. Auf Elternabenden und in Einzelgesprächen mit Erzieherinnen und Lehrern setzen sie sich leidenschaftlich dafür ein, dass ganz besonders ihre Kinder mit ihrer speziellen Sensibilität wahrgenommen werden müssen.

Ihre Feinsinnigkeit fällt nur ihnen allein auf, denn das Umfeld macht sich eher Gedanken darüber, wie den Eltern vorsichtig beizubringen ist, dass ihr Kind sich im Wesentlichen dadurch von anderen abhebt, dass es Schwierigkeiten mit den Altersgenossen hat. Es das einzige Kind ist, das nicht Rad fährt, nicht klettern kann und auch in der Grundschule noch nichts von sozialen Medien weiß. Das weniger fürsorgliche Umfeld lästert dann irgendwann zwar nicht mehr über die Eltern, aber deren Kind wird aufgrund der Auffälligkeiten auch nicht mehr so gerne zu Besuchen bei den eigenen Kindern eingeladen.

Beide Elternpaare handeln so, weil sie das Beste für ihr Kind wollen. Sie übersehen jedoch die unterschiedlichen emotionalen Bedürfnisse ihrer Kinder. Welche das sind, wird im Verlauf des Buches deutlich werden.

Lassen Sie mich an dieser Stelle noch einmal betonen, dass ich als Psychiater und Psychotherapeut hauptsächlich mit Erwachsenen arbeite und deshalb mein professioneller Blick im Wesentlichen den Eltern, jungen Erwachsenen und ihren Problemen gelten. Durch die biografische Arbeit mit ihnen habe ich natürlich einen Blick dafür, welche Faktoren in der Kindheit die Entwicklung und somit das Erwachsenenalter in welche Richtung beeinflussen können, doch mein Fokus liegt auf den Eltern. Oder, um es noch deutlicher zu sagen: Ich kann Ihren Kindern nur indirekt zu einer besseren Kindheit verhelfen. Und zwar, indem ich Ihnen als Erwachsenen vermittele, wie Sie zu den Eltern werden können, die Sie gerne sein wollen.

Kommen wir noch einmal zu dem ersten Elternpaar. Also jenem, das ihr Kind durch eine perfekte Erziehung darauf vorbereiten will, den Herausforderungen und der Konkurrenz dieser Welt besonders gut gewachsen zu sein. Eltern, die nach diesem Muster handeln, kommen häufig zu mir, wenn sie ein Burnout, eine Angsterkrankung oder eine Depression entwickelt haben. Ursache ist dann häufig, dass sie ihren selbstgesteckten Maßstäben nicht mehr gerecht werden. Zuvor ist es oftmals schon zu körperlichen Symptomen gekommen, die sich einstellen, wenn man seinen Stress verleugnet und lange ignoriert. Um dann eines Tages mit Herzrasen, penetranten Verdauungsstörungen oder unerklärlichen Schmerzen in einer Rettungsstelle zu landen – und von dort zu mir geschickt zu werden.

Ich freue mich, dass dieser Weg heutzutage nicht mehr so weit ist wie früher. Dass die Menschen jetzt oft schon vor dem Magendurchbruch oder Herzinfarkt einen Psychiater oder Psychotherapeuten aufsuchen, der ihnen weiterhilft. Genauso bedauere ich das unnötige Leid für diese Erwachsenen. Und noch mehr das Leid ihrer Kinder, das in der Zeit entstanden ist, bevor sich die Eltern Hilfe gesucht haben.

Häufig steckt bei diesen Eltern hinter dem Versuch, die eigenen Kinder perfekt auf alle Herausforderungen vorzubereiten, ein bestimmtes Schema: das Schema der unerbittlichen Standards, das bei ihnen zu einem Erziehungsmuster geworden ist.

Diese Eltern haben oftmals vorgelebt bekommen, dass man sich durchbeißen muss, nur der Stärkere gewinnt und man sich auf Unterstützung von anderen nicht verlassen darf.

Deshalb fällt es ihnen besonders schwer, selbst Hilfe anzunehmen. Und auch ihre Kinder werden nur zum Therapeuten geschickt, wenn sie gar keinen anderen Ausweg mehr sehen. Tatsächlich steckt hinter dem Perfektionstrieb der Eltern eine stellvertretende Sorge: vor dem Scheitern der Kinder. Viel tiefer gelagert gibt es in den Eltern aber auch eine panische Angst vor dem eigenen Versagen. Die wiederum ist in belastenden und mitunter verstörenden Erfahrungen der eigenen Kindheit verwurzelt.

Eltern, die ähnlich wie das zweite, eher überbesorgte Elternpaar ihre Kinder sehr fürsorglich erziehen, finden den Weg zum Therapeuten meiner Erfahrung nach leichter. Weil sie offener für Gefühle und Bedürfnisse sind. Und dennoch ist auch bei ihnen das Kind häufig zum Opfer kindlicher Bedürfnisse der Eltern geworden. Sigmund Freud, der Begründer der Psychoanalyse, beschrieb dieses Phänomen als »Projektion«. Die Eltern wehren dabei eigene kindliche Bedürfnisse ab, die sie sich selbst nicht eingestehen können, und übertragen sie auf ihre Kinder. Das Traurige daran ist, dass sie damit genau das Gegenteil von dem bewirken, was sie zu tun behaupten und auch eigentlich nach bestem Wissen und Gewissen tun wollen: Sie sehen sich selbst in ihren Kindern – und nicht mehr die Kinder selbst mit ihren ureigensten Bedürfnissen.

Auch wenn ich die Welt eher aus der Sicht eines Schematherapeuten denn eines Psychoanalytikers sehe, ist die freudianische Beschreibung dieser Dynamik sehr treffsicher. Und was noch dramatischer ist als die gestörten Beziehungen zwischen den unterschiedlichen Elternpaaren und ihren jeweiligen Kindern, ist der Blick auf die Dynamik im Großen: Oftmals kommt es zu einer Wiederholung, bei der das Leid von einer Generation auf die nächste und schließlich die übernächste weitergegeben wird.

Das erste Elternpaar zieht Kinder mit unerbittlichen Standards heran, die es wahrscheinlich machen, dass sie aus einer Angst vor Kontrollverlust und Versagen ihre eigenen Kinder genauso erziehen. Und das zweite Elternpaar, das sein Bedürfnis, gesehen zu werden, auf die Kinder projiziert, sorgt dafür, dass die Kinder ein unterentwickeltes Selbst ausbilden. Diese laufen Gefahr, auch dieses Muster an ihre Kinder weiterzugeben. Und so weiter.

Mein Wunsch ist es, Ihnen mit diesem Buch dabei zu helfen, Ihre Wiederholungsmuster, Ihre »Sollbruchstellen« zu erkennen und diese mit einigen Übungen gezielt zu durchbrechen.

Indem Sie sich immer wieder fragen: Um welche Bedürfnisse geht es hier gerade? Ist mein Kind im Fokus oder vielleicht doch eines meiner unreifen und dysfunktionalen Verhaltensmuster? Wie kann ich gut damit umgehen? Ich möchte Sie dabei unterstützen, ein erwachsener Elternteil zu sein, der seine Kinder bedürfnisorientiert erzieht.

Und auch wenn das bis hierher sehr streng geklungen haben mag: Ich habe viele Eltern in diesem Prozess begleitet und bin mir mittlerweile sicher, dass es keinen glücklicheren Zustand gibt als den, die eigenen Kinder auf der Grundlage der eigenen Werte bedürfnisorientiert zu erziehen und zu zufriedenen Erwachsenen heranreifen zu sehen. Zu Menschen, deren Bedürfnisse in der Kindheit so weit befriedigt wurden, dass sie angemessen und reflektiert für sich sorgen können. Und sie ihren Fähigkeiten, Werten und Ressourcen angemessen in die Gemeinschaft einbringen können.

Woher nur diese Wut? Der Fall von Robert

Für mich sehr prägend war ein Patient, der mir am Anfang meiner therapeutischen Arbeit begegnete: Robert, ein 38-jähriger Bankkaufmann, der stets ungeduldig und wütend wurde, wenn sein Sohn morgens auf ein längeres Abschiedsritual im Kindergarten bestand. Dreimal Tschüss sagen, an der Tür rausschubsen und an mehreren Fenstern winken – wenn das nicht genau so gemacht wurde, musste es von Anfang an wiederholt werden.

Nach der zweiten Wiederholung wurde Robert jedes Mal ungeduldig, ja sogar wütend, und ließ seinen Sohn weinend im Kindergarten zurück. Er fühlte sich dann häufig schlecht, schuldig und schämte sich. Seine Gedanken hingen an dieser Situation fest: Er hatte das Gefühl, ein schlechter Vater zu sein, sein Kind falsch zu erziehen. Er grübelte oft bis spät in den Abend und konnte nicht gut schlafen. Auch seine Partnerschaft litt. Ebenso wie er hatte auch seine Frau wenig Verständnis für diese Wut.

Doch sie war da. Und sie war für meinen Patienten real, aber er verstand sie nicht. In der Therapie habe ich versucht, die Wurzel der Wut erlebbar zu machen. Dies ist dann auch im Rahmen einer Imaginationsübung gelungen. Robert erinnerte sich, dass er als Kind viel »abgegeben« wurde. Er musste zu seinen Großeltern oder zu einer Tante, die er nicht mochte. Dabei blieb er aber ruhig und angepasst und wehrte sich nicht, so wie sein Sohn heute. Wütend war er trotzdem. Doch er hatte als Kind nicht die Möglichkeit, dieser Wut Ausdruck zu verleihen.

Als Erwachsener hatte er schließlich gelernt, wie man Wut zeigt. Nur war die Situation nun nicht mehr passend – aber sie hatte eine Begebenheit aus seiner Vergangenheit getriggert. Am liebsten hätte er schon damals seinen Eltern gesagt, wie »doof« er es findet, weggegeben zu werden, und dass er seine Tante »blöd« findet. Doch das war nicht möglich: Seine kindlichen Grundbedürfnisse nach »Autonomie« und »Freiheit, sich mitzuteilen« wurden in der Kindheit nicht erfüllt.

Im Rahmen der Therapie konnte ich Robert – wie es in der Fachsprache heißt – »nachbeeltern«. Dabei lasse ich dem Patienten eine gezielte nachträgliche elterliche Fürsorge zukommen – eine Art der Hilfe, die er schon als Kind gebraucht hätte. Dadurch können Patienten nacherleben, was ihnen früher verwehrt wurde, und neue Erfahrungen in Bezug auf ihre Grundbedürfnisse machen. Dafür nutze ich Techniken wie Imaginationen oder auch Stuhldialoge. Robert konnte dadurch nachempfinden, dass es nicht in Ordnung war, ihn als Kind nicht nach seiner Meinung zu fragen. Und er konnte erfahren, was es bedeutet, wenn sich jemand – in diesem Fall ich als Therapeut – für seine Bedürfnisse einsetzt. Das stärkt den Modus des »gesunden Erwachsenen«.

Nachdem ihm die Zusammenhänge klar geworden waren, war er in der Lage, seine Einstellung zu den Ritualen seines Sohnes zu verändern. Er konnte nachempfinden, dass diese seinem Sohn Sicherheit geben, also eines der wichtigsten menschlichen Grundbedürfnisse erfüllen. Roberts veränderte Haltung führte dazu, dass es für seinen Sohn schließlich gar nicht mehr so wichtig war, das Abschiedsritual vollständig auszuführen. Tschüss sagen und an einem der Fenster winken, war seitdem vollkommen ausreichend. Und selbst wenn Robert das Winken mal vergaß, weinte sein Sohn deswegen nicht mehr.

Als Therapeut wurde mir in den Sitzungen mit diesem Vater klar, wie oft es beim gefühlten Scheitern an der Elternrolle darum geht, dass man selbst immer wieder in einen dysfunktionalen Modus gerät. Und dadurch unfähig wird, sich als Vater oder Mutter den Kindern gegenüber entsprechend der eigenen Werte zu verhalten.

Ich persönlich bin dankbar, viele dieser Prinzipien schon durch die Arbeit mit meinen Patienten gekannt zu haben, als ich selbst in die Situation kam, meinen Kindern gegenüber ein Erwachsener sein zu müssen. Selbstverständlich ist auch mir nicht alles sofort geglückt, und das tut es sicherlich auch immer noch nicht. Meine Kinder hatten mindestens genauso viel

Arbeit mit meinem Reifungsprozess während ihrer ersten Lebensjahre wie ich mit dem In-den-Schlaf-Wiegen, dem wohlwollenden Beobachten der kindlichen Autonomie oder dem Setzen erster Grenzen. Kinder sind glücklicherweise wunderbare Wesen, die uns immer wieder mit viel Geduld und einer großen Bereitschaft auf dem Weg der Elternwerdung begleiten – und uns viele persönliche Unzulänglichkeiten verzeihen.

Wenn wir hingegen in dysfunktionalen Verhaltensmustern festhängen, sind wir oft nicht mehr in der Lage, die vielen schönen und witzigen Situation im Zusammenleben mit unseren Kindern wahrzunehmen. Sobald es uns jedoch gelingt, uns selbst besser zu verstehen, können wir uns bewusst entscheiden, was wir aus der Situation machen wollen. Wir stellen den »Autopiloten« aus und übernehmen wieder die Kontrolle. Wir können uns aktiv für die Position des gesunden Erwachsenen entscheiden und so Freude, Spaß und Quatsch mit den Kindern erleben. Ob bei einer Kissenschlacht, beim Burgenbauen am Strand, einem Rodeo im Wohnzimmer oder beim Familientanzen.

2. Wie Sie dieses Buch sinnvoll für sich nutzen können

Dieses Buch kann Ihnen dabei helfen, sich selbst klarer über Ihre unerfüllten Bedürfnisse zu werden und Ihre Kinder so zu begleiten, dass sie sich zu starken und zufriedenen Menschen entwickeln. Doch es kann keine Therapie ersetzen. Um dieses Buch sinnvoll nutzen zu können, müssen Sie also wissen, in welchen Situationen Sie es zur Seite legen und sich professionelle Hilfe suchen sollten. Dazu gehören schwerwiegende Symptome wie übermäßige, intensive Trauer, Freudlosigkeit oder Suizidgedanken. Auch wenn solche Symptome noch nicht bestehen, kann es sinnvoll sein, schon etwas früher zu reagieren und sich therapeutische Unterstützung zu holen. Ein wichtiges Zeichen kann etwa sein, wenn Sie es nicht mehr schaffen, die Metaebene einzunehmen – also zwischendurch mal aus sich herauszutreten, von »außen« oder »oben« auf sich und Ihre Situation zu schauen.

Andererseits ist es auch nicht hilfreich, sich dauernd auf der Metaebene zu bewegen. Sich immer wieder auch in Gedanken und Gefühlen zu verlieren, ist wichtig und wertvoll. Nur wenn Ihnen das Heraustreten gar nicht mehr gelingt oder deutlich schwerer fällt, kann es ratsam sein, Kontakt zu jemandem aufzunehmen, der Ihnen dabei hilft.

Gleichermaßen ist es auch ein wichtiges Zeichen, dass Sie Unterstützung benötigen könnten, wenn Sie ihr eigenes Verhalten und das ihres Gegenübers nicht mehr verstehen. Die Unfähigkeit, sich in Ihre Kinder und Ihre Partnerin oder Ihren Partner hineinversetzen zu können, ist ein Alarmsignal.

Viele Situationen kennen wir alle als Eltern – doch Sie sollten hellhörig sein, wenn Sie sich jedes Mal überfordert fühlen: Wenn Sie etwa beim Essen mit Ihrer Familie am Tisch sitzen und nur noch gereizt sind. Wenn Sie Ihre kleinen Kinder am liebsten nicht am Tisch haben würden oder auch harsch angehen, weil sie zu viele Geräusche beim Essen machen. Oder auch, wenn es Sie so gut wie jedes Mal überfordert, wenn Ihr Kind Ihnen nicht »folgt«, sondern etwas anderes möchte als Sie. Wenn Sie etwa wollen, dass Ihr Kind sich anzieht, aber es seinem Wunsch nach Autonomie nachgeht und sich widersetzt. Oder wenn Sie sozial unter Druck stehen, etwa gerade in der Küche etwas vorbereiten, weil Sie Gäste erwarten – während Ihre Vierjährige laut Aufmerksamkeit einfordert und Sie sich dadurch provoziert fühlen.

Kleine Kinder haben grundsätzlich kein Interesse, ihre Eltern zu ärgern. Aber sie machen gern Verhaltensexperimente, sind neugierig, was passiert, wenn sie ein bestimmtes Verhalten zeigen. Ein Klassiker ist das Runterwerfen von Sachen. Wie fühlt es sich an, wenn ich diesen Gegenstand über den Tisch bis zum Rand schiebe? Dieses besondere Gefühl, wenn er kippt und nach unten fällt. Was für ein Geräusch macht das? Und wie reagieren Mama und Papa beim Aufheben? Und reagieren sie beim zehnten Mal anders als beim ersten Mal?

Es geht kleinen Kindern dabei nicht um Provokation. Sie sind nicht in der Lage, das Verhalten anderer zu antizipieren, da sie sich nicht in andere hineinversetzen können, die Welt also nur aus der Perspektive ihres Selbst wahrnehmen.

Es ist völlig normal, dass uns ein solches Verhalten gelegentlich zur Weißglut treibt. Es ist jedoch nicht normal, jedes Mal auszurasten. Wir als Elternteil sollten möglichst nicht als Konfliktpartner agieren, sondern erwachsen reagieren, uns in unser Kind hineinversetzen, die Metaebene einnehmen und nach einer sinnvollen Lösung für die Situation suchen. Doch genau das fällt uns aufgrund unserer eigenen Geschichte oft so schwer: über verschiedene Verhaltensoptionen zu verfügen und nach der Variante zu suchen, die das Anziehen oder das Essen zufriedenstellend für alle möglich macht.

Kinder brauchen einen Raum, in dem sie möglichst angstfrei ausprobieren und lernen können. Wenn Sie merken, dass es Sie regelmäßig überfordert, die Gelassenheit für dieses Ausprobieren aufzubringen, sollten Sie zunächst mit guten Freundinnen oder Freunden darüber sprechen. Damit meine ich nicht etwa einen gemeinsamen Eltern-Zynismus. Achten Sie vielmehr darauf, wie es sich anfühlt, über Ihre Überforderungsgefühle, Ihre Reaktion und auch Ihre Schuldgefühle zu sprechen. Wenn Sie dabei feststellen »Ich komme da irgendwie nicht mehr alleine raus«, dann ist es sinnvoll, sich Hilfe zu holen. Das kann ein Psychotherapeut sein. Sie können sich aber auch genauso gut an eine Erziehungsberatungsstelle wenden.

Eine professionelle Begleitung kann sehr wichtig sein. Zum einen, weil sich durch Außenstehende leichter Verhaltensmuster und auch mögliche Perspektiven entdecken lassen, auf die man selbst noch nicht gekommen ist. Zum anderen, weil Entwicklungsprozesse der Psyche mitunter eine Begleitung brauchen, die vor Überforderung schützt. Denn die meisten Menschen, die nach Hilfe suchen, sind bereits belastet. Und die Auseinandersetzung mit den eigenen kindlichen Anteilen kann eine zusätzliche Belastung sein.

Wenn Sie jedoch das Gefühl haben, dass sich ihre Probleme in einem vertretbaren Rahmen bewegen und dieses Buch für Sie hilfreich ist, stellt sich als Nächstes die Frage: Was brauchen Sie für sich selbst?

Ausreichend Zeit, um sich besser kennenzulernen, ist eine Grundvoraussetzung, um ein guter Elternteil zu sein. Nicht nur, weil Ihr Erziehungsstil dadurch besser wird, sondern auch, weil Sie damit zu einem Vorbild werden. So können wir unseren Kindern mitgeben, was uns selbst oft fehlt: Zu wissen, dass es gut ist, auf sich zu achten und nicht ständig am Limit zu sein, nur weil man Angst hat, etwas falsch zu machen oder anderen Menschen nicht gerecht zu werden. Denn Kinder lernen, indem man es ihnen vorlebt – nicht dadurch, dass man ihnen etwas vorpredigt.

Gerne fege ich hier zunächst einmal vor der eigenen Haustür. Ich arbeite sehr viel, häufig mehr als die übliche 40-Stunden-Woche. Da kommt die Zeit für die Auseinandersetzung mit mir selbst oft zu kurz. In meiner Ausbildung kam besonders viel zusammen: die Arbeit in der Klinik, die Ausbildungsverpflichtungen, Bereitschaftsdienste. Und dann wollte ich auch noch wissenschaftliche Aufsätze publizieren. Da bleibt nicht viel Zeit für Familie, Freizeit und Muße. Daher habe ich, als mein älterer Sohn 2009 geboren wurde, bewusst einige Monate Elternzeit genommen. Und auch danach war ich in der Klinik bekannt als der (zum Glück) geschätzte Kollege, der vergleichsweise pünktlich seinen Arbeitsplatz verlassen hat.

Trotzdem ich die Entscheidung getroffen hatte, Zeit mit meiner Familie zu verbringen und möglichst viel für meine Kinder ansprechbar zu sein, sitze ich häufig abends am Rechner. Ich kenne also die Gefahr, dass Mußezeit im Alltag einfach untergeht.

Daher meine Bitte: Nehmen Sie den Teil der Übungen besonders ernst, bei dem es darum geht, sich Zeit für sich zu nehmen, Ihren Partner oder Ihre Partnerin mit den Kindern für längere Zeit »auszusperren« oder sich selbst einen ruhigen Rückzugsort für die Übungen zu suchen. Und sich an diesem Ort dann auch gut zu versorgen, etwa mit einem Tee, etwas zu Naschen oder einer warmen Decke.

Erwachsene sollten zwar besser als kleine Kinder dazu in der Lage sein, ihre Bedürfnisse aufzuschieben und Kindern das auch durch ihr Vorbild zu vermitteln. Aber auch Sie können und sollen Ihre Bedürfnisse nicht auf ewig hinausschieben. Oder sich eine Ersatzbefriedigung in Form von Süßigkeiten, Alkohol, Chips oder Ähnlichem suchen. So etwas hilft allenfalls nur sehr kurzfristig und macht dauerhaft unglücklich.

Schließlich noch eine ernst gemeinte Warnung zur Nutzung von psychotherapeutischen Methoden, wie sie in Therapien angewendet werden und in diesem Buch zur Sprache kommen: Diese Interventionen können auch unerwünschte Wirkungen haben. Die Wichtigste ist vermutlich: Sie werden sich, indem Sie sich auf diese Methoden einlassen, verändern. Einerseits so, wie Sie es sich gewünscht haben. Andererseits aber auch in eine Richtung, die Ihnen vorher nicht bewusst war. Eine der wichtigsten unerwünschten Veränderungen ist eine mögliche anfängliche Verschlechterung Ihres Gemütszustands, wenn Sie sich intensiv mit sich, besonders mit Ihren unbefriedigten Bedürfnissen, Ängsten und frühkindlicher

Trauer beschäftigen. Normalerweise ist es hilfreich, diese Gefühle zuzulassen. Aber es kann sein, dass Sie nicht wieder aus diesen Gefühlen herauskommen oder völlig von ihnen überwältigt sind. Dann ist es wichtig, sich helfen zu lassen.

Aber auch längerfristige Veränderungen sind möglich, die Sie womöglich noch gar nicht in Betracht gezogen haben: Wenn Sie sich Ihrer Bedürfnisse bewusster werden und mehr auf sie achten, kann sich auch die Beziehung zu Ihren Eltern, Ihrer Ursprungsfamilie verändern. Innerhalb Ihrer Beziehung kann es zu Neubewertungen kommen, auch in Beziehung zu Freundinnen und Freunden. All das soll Sie nicht davon abhalten, sich um Ihrer selbst und Ihrer Kinder willen auf den Weg zu machen. Aber es gehört zu meiner Verantwortung, Sie darüber aufzuklären, dass diese Entwicklungen möglich sind.

Mit dieser »Verpackungsbeilage« im Kopf können Sie die folgenden Kapitel in Angriff nehmen und die dazugehörigen Übungen ausprobieren. So schwierig das manchmal umzusetzen ist: Ich empfehle, sich dafür einen Ort zu suchen, an dem Sie ungestört sind. Und ausreichend Zeit einzuplanen, nicht nur für die Übungen selbst, sondern auch, um anschließend noch einen Spaziergang zu machen oder in Ruhe eine Tasse Tee zu trinken.

Nachdem Sie die Übungen zunächst allein ausprobiert haben, können Sie diese auch in Gemeinschaft noch einmal absolvieren, bestenfalls zusammen mit Menschen, die Ihnen privat nicht zu nahestehen – insbesondere wegen der zuvor beschriebenen möglichen Auswirkungen der Übungen auf Ihre Beziehungen zu nahstehenden Menschen.

Geeignet könnten etwa andere Eltern aus dem Geburtsvorbereitungskurs sein, mit denen Sie sich gut verstehen. Oder, wenn Ihre Kinder schon in der Schule sind, Eltern, die Sie in der Kita kennengelernt haben. Grob gesagt also Menschen, die Ihnen sympathisch sind und denen Sie vertrauen, die Ihnen aber nicht zu nah stehen.

Wenn Sie die Übungen durchführen, kann es gut sein, dass Ihnen der unvorhersehbare Alltag in die Quere kommt und die allerbesten Vorsätze zu scheitern drohen. Nehmen wir an, Sie beginnen mit einer Übung, während Ihre Familie unterwegs ist. Nach einiger Zeit sind Sie fertig – und Ihre Familie kommt wieder nach Hause. Allerdings sind Sie mit Ihren Gefühlen und Erinnerungen noch ganz woanders, während Ihr Nachwuchs hereinstürmt und Ihnen dringend etwas erzählen will.

Gedanklich sind Sie also noch mit Ihren eigenen kindlichen Bedürfnissen beschäftigt, doch von jetzt auf gleich müssen Sie als Erwachsene agieren. In einer solchen Situation lässt sich eine Imaginationstechnik zur Regulation von Gefühlen hervorragend nutzen. Diese wird Ihnen durch das ganze Buch hindurch helfen, bei jeder Übung aus intensiven Gefühlen wieder herauszufinden. Und auch bei anderen Gelegenheiten, in denen es darum geht, Gefühle aktiv zu regulieren. Daher möchte ich sie hier vorstellen.

Die »Lego-Übung«

Stellen Sie sich vor, Sie gehen in das Zimmer Ihrer Kinder und treten mit bloßen Füßen kräftig auf einen Legostein. Malen Sie sich aus, wie sich die Kante des Teilchens in Ihren Fuß bohrt und einen plötzlichen, stechenden Schmerz verursacht. Vielleicht sind Sie auch eher der Knie-Lego-Typ und spüren die bunten Teile mit Ihrem Knie in fluffigen Teppichen auf: indem Sie entspannt in die Hocke gehen und dann merken, wie das Knie nicht im weichen Untergrund versinkt, sondern sich die Kante eines Legoteilchens unter Ihre Kniescheibe schiebt. Und es sich anfühlt, als würde sie unterhalb der Kniescheibe die Patellasehne abhobeln.

Stellen Sie sich vor, dass Sie mit dem Legostein allein sind, und begeben Sie sich völlig hinein in den Schmerz und den Zorn über das liegen gebliebene Steinchen. Mal wieder nicht aufgeräumt! Wenn Sie so richtig in dieses Gefühl eingetaucht sind, schreien könnten vor Schmerz, Wut und Frust – dann machen Sie sich klar, dass Sie mit dieser Technik in diesem Moment Ihre Gefühlslage beeinflusst haben. Indem Sie von einem neutralen Gefühl beim Lesen dieser Zeilen in ein Gefühl von Zorn und Ärger gegangen sind.

Die Übung macht Ihnen klar, dass Sie Ihren Emotionen nicht ausgeliefert sind, sondern sie steuern können. Das funktioniert nicht nur mit Wut. Auch andere Gefühle können Sie bewusst hervorheben. Und nun noch eine etwas komplexere Übung, die darauf zielt, Ihre Stimmung und Ihre Gefühle zu beeinflussen. So etwas zu beherrschen, ist eine wichtige Ressource: selbstwirksam zu sein.

Die »Superhelden-Übung«

Diese beginnt damit, dass Sie sich dafür entscheiden, ob Sie selbst ein Superheld mit Superkräften sein wollen oder von jemandem mit Superkräften gerettet werden möchten. Wenn Sie selbst der Superheld sein möchten, überlegen Sie, ob Sie ein besonderes Kostüm tragen oder in Ihrer Alltagskleidung zum Helden werden möchten.

Dann entscheiden Sie, um welche Art von Superkräften es sich handelt: Sind es Kräfte, die Sie zusätzlich haben, können Sie zaubern oder können Sie fliegen? Oder sehen Sie sich vielleicht in einer Situation, in der Ihnen alles perfekt gelungen ist, etwa auf dem letzten Kindergeburtstag? Als Sie in Topform den Laden im Griff hatten und am Abend, nachdem Sie das glückselig lächelnde Geburtstagskind in den Schlaf verabschiedet haben, gemütlich mit einer Tasse Tee oder einem Glas Wein auf dem Sofa saßen?

Wenn es eine reale Situation ist, in der Sie Superkräfte hatten, dann versetzen Sie sich so gut es geht in die Erinnerung. Wenn Sie hingegen gerade darunter leiden, sich nicht an so eine Situation erinnern zu können (Ich bin sicher, dass es sie dennoch gibt – in uns allen steckt ein Superheld!), dann malen Sie sich magische Superkräfte aus, die Sie schon immer mal haben wollten. Und stellen Sie sich vor, wie Sie von Ihrem jetzigen Zustand in den des Superhelden umschalten.

Vielleicht erfüllt den Raum ein gleißendes Licht, möglicherweise gibt es auch einen realen oder erfundenen Soundtrack dazu! Ich etwa stelle mir besonders gerne die Melodie der TV-Serie MacGyver vor, wenn ich zu wichtigen Terminen fahre, bei denen ich mehr Kraft, Konzentration und Mut brauche als normalerweise. MacGyver ist zwar kein Superheld im klassischen Sinne, er reagiert aber immer wieder sehr flexibel auf schwierige Situationen. Und nun können Sie versuchen, sich in das Gefühl hineinzuversetzen, spüren, wie Superkräfte in Ihren Körper schießen und wie Sie sich verwandeln.

Alternativ können Sie auch eine Superheldin oder einen Superhelden erscheinen lassen und sich retten lassen. Malen Sie sich die obige Szene so aus, dass zu passender Musik jemand mit Superkräften den Raum betritt, erscheint, hereinfliegt – und Sie tröstet, Sie beschützt, Sie rettet.

Formulieren Sie am besten noch einen Merksatz, der Ihnen das Startsignal gibt, sich zu verwandeln oder den Helden herbeizurufen. Als ich angefangen habe, mit der Superhelden-Übung zu arbeiten, habe ich sie, wie jeder gute Therapeut, natürlich selbst erst einmal ausprobiert. Mein Superhelden-Satz ist einer, den ich irgendwo gelesen habe und der auf der Stelle enorme Kräfte in mir aktiviert hat: »Always be yourself unless you can be Batman; then always be Batman!« Oder auf Deutsch: »Sei immer du selbst, wenn du gerade nicht Batman sein kannst; sonst sei immer Batman!«

Sie sehen, man kann bei dieser Übung sogar so unterschiedliche Charaktere wie MacGyver und Batman miteinander in Kontakt bringen. Klar, es geht nicht um Realität. Es geht vielmehr um die Fähigkeit, seine momentane Gefühlslage aktiv zu verändern.

Derart vorbereitet, können Sie nun damit beginnen, die Muster zu erkennen, die Ihnen Steine in den Weg legen bei der Erziehung Ihrer Kinder. Um dann auch zu erfahren, wie es um die Erfüllung Ihrer kindlichen Bedürfnisse steht. Behalten Sie dabei die beiden eben erläuterten Übungen im Hinterkopf. Und wie es Ihnen gelungen ist, mit deren Hilfe Ihre Gefühlslage aktiv zu beeinflussen und zu verändern. Denn eines müssen Sie sich immer wieder ins Bewusstsein rufen: Sie sind Ihren Gefühlen nicht hilflos ausgeliefert!

3. So erkennen Sie die Muster, die Mütter und Väter davon abhalten, gut zu erziehen

Es ist wichtig, sich immer mal wieder selbst zu hinterfragen, einen Schritt zurück zu machen und sich gewissermaßen von außen zu beobachten. Der Grund dafür ist: So können Sie schauen, ob Sie in einem ausreichenden Zustand der Offenheit, der Achtsamkeit sind, um verantwortungsvoll zu erziehen. Dazu ist es enorm wichtig, dass wir bestimmte Muster oder – besser gesagt – die Zustände erkennen, in denen wir uns befinden.

Wir alle haben sicherlich schon die Erfahrung gemacht, dass sehr ähnliche Situationen ganz unterschiedliche emotionale Zustände und Gedanken auslösen können. So kann zum Beispiel die Erinnerung an einen Urlaub, in dem ich frisch verliebt war, sehr positiv sein, wenn ich mich zum Zeitpunkt der Erinnerung wohlfühle, vielleicht sogar weiterhin verliebt bin. Ich kann dann das Gefühl von Nähe, Freude und Zusammengehörigkeit nachempfinden – und mich an dieser Erinnerung erfreuen.

Dagegen können die Gedanken an denselben Urlaub aus einer anderen Situation heraus, nach einem Streit oder einer Trennung vom Partner, komplett andere emotionale Zustände und Gedanken auslösen – selbst wenn alle anderen Umstände im Urlaub genau so waren wie in der positiven Erinnerung. Aber nach einer Trennung fällt mir wahrscheinlich viel eher auf, dass die Bauarbeiten auf dem Nachbargrundstück viel zu laut waren, das Personal meist ziemlich unfreundlich und das Essen allenfalls mittelmäßig.

Das Phänomen, dass wir uns abhängig von äußeren Umständen in unterschiedlichen innerlichen Zuständen befinden, widerfährt uns auch in der Erziehung. Ob unser Kind einen wichtigen Brief vom Finanzamt bunt bemalt, die Zahnpasta auf den Boden kleckern lässt oder unser Teenager die Ermahnungen ignoriert, das Zimmer mal wieder aufzuräumen – all das führt abhängig von unserer momentanen emotionalen Verfasstheit zu ganz unterschiedlichen Reaktionen.

Geht es uns gut, ordnen wir die Dinge richtig ein und sind wohlwollend gegenüber unseren Kindern. In anderen Situationen fällt uns das schwer und wir werden aufbrausend, reagieren heftiger, als es der Situation angemessen wäre. Vielleicht sind wir gerade selbst sehr angespannt, in einem Zustand, in dem wir gar nicht realisieren, wie es uns geht. In dem wir nicht wissen, was ein adäquates Verhalten wäre. Vielleicht sind wir auch verzweifelt oder traurig und können aus diesem »mindset« heraus nicht angemessen auf unsere Kinder reagieren.

Um diese Zustände zu erkennen und um Ihnen zu ermöglichen, anders zu reagieren, möchte ich Ihnen das Konzept der unterschiedlichen Modi erläutern. In der Psychotherapie arbeite ich viel mit diesem Konzept. Ein Modus wird in der Schematherapie als »Verhaltenssteuerungsprogramm« beschrieben.

Es ist ein Komplex aus Annahmen über sich selbst, Annahmen über die Welt und unsere Stellung in der Welt. All diese Dinge können sich aber von Zeit zu Zeit oder von Situation zu Situation ändern: mal fühlt man sich geliebt, mal hundeelend; mal ist die Welt schlecht, dann wieder wunderschön; mal hält man sich für großartig, mal für einen Versager.

Und wohl in jedem von uns gibt es Persönlichkeitsanteile, die sehr fordernd sind (»Du musst das schaffen!«), während andere Anteile vielleicht verletzt oder traurig sind. Wiederum andere Anteile schützen uns vor negativen emotionalen Zuständen oder vor zu hohen Anforderungen. Diese verschiedenen Anteile, die Modi, bestimmen unsere Reaktionen, unter anderem gegenüber unseren Kindern.

Aus der Erfahrung heraus hat sich in meiner Arbeit vor allem die Einteilung in die Modi der »unerbittlichen Stimme«, des »unversorgten Kindes« und des »rettenden Korsetts« als effektiv und sinnvoll erwiesen, um bei sich etwas zu ändern. Gerade auch in der Beratung von Eltern.

Letztendlich geht es darum, den wichtigsten Modus zu stärken, den des »gesunden Erwachsenen«. Dieses Buch soll Ihnen genau dabei helfen. Aber zunächst möchte ich Ihnen jene drei Modi vorstellen, die in der Kindererziehung hinderlich sein können:

Das unversorgte Kind

Das unversorgte Kind ist der Anteil in einem selbst, der aktiviert, getriggert wird, wenn – meistens unbewusst – emotionale Zustände aus der Vergangenheit hochkommen. Wenn unerfüllte Bedürfnisse der Kindheit im Hier und Jetzt durch innere oder äußere Signale ausgelöst werden.

Die Idee der Therapie des »unversorgten Kindes« ist, die unerfüllten kindlichen Bedürfnisse zu erkennen und dem Patienten dabei zu helfen, damit adäquat umzugehen. Denn oftmals sind die Emotionen der aktuellen Situation nicht angemessen. Das liegt häufig daran, dass die emotionalen Bedürfnisse in der Kindheit nicht erfüllt wurden und es der Erwachsene nicht gelernt hat, mit diesem Mangel umzugehen. Nicht selten fehlt dann die notwendige Gelassenheit angesichts harmloser Situationen.

In jedem Fall ist es zunächst einmal wichtig, solche Bedürfnisse überhaupt zu erkennen und anzuerkennen. Allein das hilft schon viel. Dabei sollte man wohlwollend sich selbst gegenüber sein und sich beispielsweise sagen: Es ist nachvollziehbar, dass ich so reagiere, weil mir was fehlt!

Danach aber ist es wichtig, auch den nächsten Schritt zu machen und sich zu fragen: Wie schaffe ich es als Erwachsener, meine eigenen Bedürfnisse so zu erkennen und zu erfüllen, dass sie mir nicht mehr ständig in die Quere kommen?

Denn nun brauchen ja die eigenen Kinder einen Erwachsenen, der ihnen bei der Entwicklung hilft und möglichst zuverlässig ihre Bedürfnisse erfüllt. Einen Erwachsenen also, der sein unversorgtes Kind selbst gut versorgen kann – um sich entsprechend gut um die eigenen Kinder kümmern zu können.

Wie eine therapeutische Behandlung des unversorgten Kindes abläuft, möchte ich an einem Beispiel veranschaulichen.

Wenn Sicherheit fehlt. Der Fall von Maria

Maria, eine 29-jährige Psychologin in Ausbildung zur Psychotherapeutin und Mutter einer einjährigen Tochter, berichtete mir über massive Sorgen und Ängste um die Gesundheit ihres

Kindes. Obwohl sich leichte Infekte immer kinderärztlich eindeutig abklären ließen, war Maria stets sehr beunruhigt. Auf Anmerkungen von befreundeten Müttern, dass sie sich wohl unnötig sorge, reagierte Maria gereizt: Schließlich sei sie ja diejenige, die im Gesundheitssystem arbeite, die anderen sollten sich gefälligst um ihren eigenen Kram kümmern.

Es stellte sich heraus, dass in diesen Situationen große Sorgen aus ihrer eigenen Kindheit wieder in ihr auflebten. Ihre Mutter hatte eine milde Form von Multipler Sklerose. Marias Vater reagierte überaus ängstlich auf diese Situation. Er konnte Maria und ihrem Bruder daher nicht ausreichend Sicherheit vermitteln. Eines ihrer elementaren Bedürfnisse, das nach Verlässlichkeit und Sicherheit im Alltag, konnte nicht ausreichend befriedigt werden, weder durch die kranke Mutter noch den ängstlichen Vater.

Marias damalige Angst wurde in ihrer neuen Situation als Mutter wieder lebendig. Denn sie hatte unbewusst wahrgenommen, dass ihre Eltern mit der damaligen Erziehungssituation überfordert waren. Daher hatte Maria den Gedanken verinnerlicht: »Die Erziehung von Kindern ist äußerst schwierig! Nicht einmal meine Eltern bekommen das richtig hin, wie soll ich das denn dann schaffen?« Daraus entwickelte sich ihre unerbittliche Stimme: »Du schaffst das nicht.«

Dieser Situation ist Maria mit einem rettenden Korsett begegnet: einer Überkompensation. Was so viel heißt, dass sie einen Ersatz für ihre vermeintliche Unzulänglichkeit gefunden hat. Nämlich die Annahme, nur sie könne die Bedürfnisse ihrer Tochter richtig erkennen. Was in dem Satz kulminierte: »Nur ich weiß, was gut für meine Tochter ist!«

Im Zuge der Therapie habe ich mit Maria einen Stuhldialog vorgenommen. Bei dieser Technik werden die unterschiedlichen inneren Anteile, also die unterschiedlichen Modi einer Person, auf verschiedene Stühle in meinem Therapeutenzimmer gesetzt. Mit Hilfe dieser Methode konnten wir die inneren Anteile auseinanderhalten und aus einer Vogelperspektive bewerten.

Dazu habe ich mich mit Maria neben die Stühle gestellt und wir besprachen, was auf dem jeweiligen Stuhl passiert ist, was die Aufgabe des jeweiligen Modus für ihr Leben ist. Dass beispielsweise ihr rettendes Korsett sie davor bewahrte, sich einzugestehen, dass ihre eigenen Bedürfnisse nach Sicherheit früher nicht erfüllt worden sind.

Maria konnte schließlich ihre damaligen Bedürfnisse erkennen. Und in einer weiteren Sitzung konnte sie diesen Mangel und die daraus folgenden Konsequenzen auch mir gegenüber ausdrücken. Ihr gesunder Anteil konnte ihr dann mit meiner Hilfe sagen, dass sie früher ein tapferes Mädchen gewesen ist und es verdient hätte, mehr Sicherheit durch ihre Eltern zu erfahren. Und dass von nun an der gesunde Anteil in ihr sich um ihre Sicherheit kümmern wird. Dadurch reduzierten sich nach und nach ihre Ängste um ihre Tochter – und Maria konnte auch ihr übervorsichtiges Verhalten ändern.

Ziel der Therapie war es, die unbefriedigten Bedürfnisse zu erkennen und Wege zu finden, damit umzugehen. Bei Maria wurde ihre übergroße Angst in Situationen ausgelöst, in denen sie – von außen betrachtet – nicht angemessen war. Aus ihrer Sicht war die Angst hingegen völlig nachvollziehbar. Weil ihren eigenen Sicherheitsbedürfnissen in der Kindheit nicht entsprochen wurde, hatte sie schlicht nicht gelernt, eine notwendige Gelassenheit zu entwickeln. Auch nicht bei ganz gewöhnlichen Ereignissen wie einem einfachen Schnupfen ihrer Tochter.

Das Beispiel von Maria mag nicht alltäglich oder sogar extrem erscheinen, aber ich bin sicher, dass viele Eltern genau solche Reaktionen in weniger starker Ausprägung kennen.

Für Maria war es wichtig, ihr Bedürfnis überhaupt erst einmal zu erkennen – und dann auch anzuerkennen. Allein das ist schon sehr hilfreich. Dabei ist es wichtig, wohlwollend sich selbst gegenüber zu sein. Schließlich kann man nichts dafür, dass einem diese Sicherheit verwehrt wurde. Jeder davon Betroffene könnte vielmehr mit Berechtigung sagen: Es ist nachvollziehbar, dass ich so reagiere – weil mir etwas gefehlt hat in meiner Kindheit!

Dann aber ist es wichtig, auch den nächsten Schritt zu machen und sich zu fragen: Wie schaffe ich es heute, als Erwachsener, meine Bedürfnisse so erfüllt zu bekommen, dass sie mir nicht mehr ständig in die Quere kommen. Denn ich will mich ja um meine Kinder kümmern. Und zwar als jemand, der unerfüllte Bedürfnisse nicht an die nächste Generation weitergeben will. Der sich vielmehr in das unversorgte Kind in sich hineinversetzt und fragt: Was hätte ich jetzt benötigt?

Diese Bedürfnisse zu versorgen, um sich dann als gesunder Erwachsener angemessen um die eigenen Kinder zu kümmern – das ist entscheidend. Wie das gelingt? Dazu finden Sie Übungen im Kapitel 4.

Das rettende Korsett

Einige meiner Kolleginnen und Kollegen stört etwas bei der Bezeichnung Korsett: es klinge nach eingeschränkter Freiheit und Zwang, nach Enge, nach verhinderten Wachstumsmöglichkeiten – denn Muskeln verkümmern schließlich dort, wo der Körper vom Korsett gehalten wird. All das ist richtig. Und genau deswegen ist der Begriff so passend. Allerdings mit dem Zusatz, dass ein Korsett auch eine hilfreiche Stütze sein kann. Ich denke da an ein medizinisches Korsett bei Knochenbrüchen. Bei denen es ein wichtiger Schutz und Halt für die Wirbelsäule ist, ja für den gesamten Körper.

Letztlich ist aber entscheidend, ob das Bild, das bei dem Begriff »rettendes Korsett« entsteht, hilfreich für meine Patientinnen und Patienten ist. Und das ist es meiner Erfahrung nach: Es rettet einen, wenn die eigene Kraft noch nicht voll ausgebildet ist. Und es stabilisiert, wenn man von den Menschen, die eigentlich dafür zuständig sind, nicht ausreichend unterstützt wird. Zudem hilft es zum Beispiel, um von der unerbittlichen Stimme nicht überwältigt und niedergedrückt zu werden. Und auch, um von nicht erfüllten Grundbedürfnissen abzulenken.

Aber das Korsett engt auch ein, es verhindert inneres Wachstum und ist ein Zwang, dem man nicht so leicht entkommt. Letztlich ist das rettende Korsett ein dysfunktionaler Bewältigungsmodus – weil er nicht dazu führt, dass sich der Betreffende zu einem gesunden Erwachsenen entwickeln kann.

Die ungesunden Seiten des Korsetts zeigen sich zum Beispiel darin, dass man anfängt, Menschen wegzustoßen, wenn sie kritisch reagieren oder einem Veränderungen nahelegen. Maria etwa reagierte sehr ablehnend auf Kinderärzte, die ihr sagten, dass sie mit ihrer übermäßigen Sorge nicht nur sich selbst unnötig in Stress versetze, sondern auch ihre Tochter ängstlich und unsicher mache.

Das rettende Korsett in einem Menschen kann zum Beispiel auch einen Streit wegen Kleinigkeiten vom Zaun brechen – oftmals, um größere Schwierigkeiten, Probleme oder auch unangenehmere Emotionen zu vermeiden.

Weiterhin kann sich das Korsett dadurch zeigen, dass ein Mensch sich zurückzieht, gewissermaßen die Decke über den Kopf zieht. Kinder tun das beispielsweise, wenn die eigenen Eltern ständig streiten oder aggressiv sind. Wenn Verstecken die einzige Möglichkeit ist, sich zumindest vorübergehend einer akuten psychischen oder körperlichen Gefahr zu entziehen. Dieses Verhalten kann dann bis ins Erwachsenenalter beibehalten werden.

Eine weitere oft anzutreffende Verhaltensweise ist, dass jemand im Modus des rettenden Korsetts alles mit sich machen lässt. Wenn derjenige zum Beispiel von älteren Geschwistern gepiesackt wird, dies den Eltern aber nicht auffällt oder sie dies nicht unterbinden. Dann lernt er womöglich: »Ich tue einfach, was mein älterer Bruder will, dann ist es weniger schmerzhaft.« Der Betreffende unterwirft sich, um Schlimmeres zu vermeiden.

Das rettende Korsett kann also individuell sehr unterschiedlich in Erscheinung treten. Zu verstehen, wie der Modus bei einem selbst aussieht, kann helfen, sich daraus zu befreien und damit auch die Enge und den Zwang loszuwerden. Zwei Aspekte sind mir besonders wichtig: die Angst, ohne das Korsett nicht genug Schutz oder Halt zu haben. Und den Preis, den Sie für diesen Halt und Schutz zahlen. Der Ihnen, weil Sie sich so daran gewöhnt haben, vielleicht nicht mehr bewusst ist. Der Preis, von dem ich rede, ist vor allem der Verlust von Freiheit und die Möglichkeit, neue Erfahrungen zu machen.

Dazu möchte ich aus meiner Praxis erzählen.

Alles unter Kontrolle. Der Fall von Tino

Tino ist ein junger Arzt, der sein Studium mit Bravour absolviert hat und seine Weiterbildungszeit auf einer psychiatrischen Station eines Krankenhauses begonnen hat. Beim dortigen Team ist er als fürsorglicher und umsichtiger Kollege bekannt und beliebt. Wenn gegen Ende seiner täglichen Arbeitszeit noch etwas anliegt, wendet sich das Pflegeteam gerne an ihn, denn er ist meistens ohnehin länger da. Er kümmert sich auch dann noch um die Patienten, wenn eigentlich schon der Arzt vom nächsten Dienst zuständig ist.

Der junge Mann wäre ein sehr guter Psychiater gewesen, hätte er nicht diese dauernde innere Unruhe in sich verspürt. Den Kollegen in seinem Umfeld – und wir sprechen hier immerhin von einem Team auf der Psychiatrie – ist das trotz der eigenen Erfahrung nicht aufgefallen. Genauso wenig wie das leicht zwanghafte Verhalten von Tino: Er ging immer mehrfach durch die Akten und konnte es selbst bei überschaubaren Aufgaben nicht gut aushalten, dem Pflegepersonal die Verantwortung zu überlassen. Er fühlte sich in letzter Instanz für alles verantwortlich. Selbst dann, wenn er es gar nicht war.

Besonders auffällig wurde es, wenn er wieder mal bis spät abends in der Klinik gearbeitet hatte und gleich morgens in aller Frühe bei der pflegerischen Nachtschicht anrief, um eine Medikamentengabe zu besprechen und zu fragen, ob bei seinen Patienten alles okay sei. Tino ist sehr nett und sehr fürsorglich, dachten das Team und auch seine Oberärztin. Aber auch: Hoffentlich macht er sich nicht zu sehr einen Kopf und brennt nicht irgendwann aus; eigentlich braucht er dringend ein Privatleben, sonst rutscht er spätestens in ein paar Jahren in die Depression. Aber wie das so ist: Jemand wie Tino schafft viel weg – und am Ende äußert dann doch niemand seine Bedenken. Denn letztlich war Tinos übermäßiger Einsatz für die anderen vor allem eine Entlastung.

Tino fragte mich während einer Supervision im Rahmen seiner psychotherapeutischen Ausbildung wegen seines zunehmenden Alkoholkonsums um Rat. Er bewege sich oberhalb der offiziell empfohlenen Grenze und habe den Eindruck, ohne Alkohol am Abend nicht mehr wirklich gut »runterkommen« zu können. Und das mache ihm Angst. Daraufhin lud ich ihn zu mehreren Einzelgesprächen ein, bei denen wir die Hintergründe seiner Anspannung näher betrachteten.

Dabei stellte sich heraus, dass seine beiden Eltern unter Depressionen litten. Zudem waren seine beiden Großväter schwer traumatisiert aus mehrjähriger Kriegsgefangenschaft zurückgekehrt und in der Folgezeit entweder abwesend oder psychisch oder auch körperlich brutal und übergriffig gegenüber Tinos Eltern gewesen. Diese wiederum waren mit der Erziehung ihrer eigenen Kinder völlig überfordert. Sie wussten nur, dass sie es nicht wie ihre Eltern machen wollten. Doch sie scheiterten immer wieder mit antiautoritären Erziehungsansätzen, die, sobald es zu Schwierigkeiten kam, in autoritäre Verhaltensweisen kippten. Dadurch verfielen sie zunehmend in einen Teufelskreis aus Überforderung und Schuldgefühlen. Sie reagierten ebenfalls übermäßig aggressiv auf ihre Kinder und versuchten ihre Schuldgefühle loszuwerden, indem sie den Kindern Versprechungen machten, die sie dann aber meist nicht einlösten.

Tino hatte das Gefühl, für den Gemütszustand seiner Eltern verantwortlich zu sein. Das ist für viele solcher Konstellationen typisch. Tino versuchte um jeden Preis Situationen zu vermeiden, in denen seine Eltern in Missmut verfallen könnten. Er gab sich jede nur erdenkliche Mühe, ein guter, angepasster

Sohn zu sein, der seinen Eltern nicht nur keine Sorgen macht, sondern sich auch darum bemüht, sie zufriedenzustellen, wann immer es geht.

Die ständige Wachsamkeit und Fürsorge waren sein Korsett, das er sich anlegte, um mit solchen schwierigen, unberechenbaren Eltern möglichst gut zu überleben. Dieses Korsett hatte er nun aber auch auf seine Arbeit übertragen. Was ihm dort eine ähnlich positive Bestärkung einbrachte wie früher durch seine Eltern. Aber gleichzeitig führte es dazu, dass er ständig wachsam war und nie zur Ruhe kam, weil in ihm immer noch diese im Kindesalter entstandene tiefe Angst vor Aggressionen und Vorwürfen aufkeimte, sollte ihm doch einmal ein klitzekleiner Fehler unterlaufen.

Wir konnten herausarbeiten, dass dieses ständige Bemühen um seine Eltern früher überlebenswichtig für ihn war. Es war aber eine Verkehrung der Eltern-Kind-Rollen, was wir Therapeuten fachsprachlich Parentifizierung nennen: Tino musste eine Elternrolle übernehmen, aber sie schnürte ihn wie in einem Korsett ein. Er konnte diesem Korsett sogar dankbar sein, weil es ihm ermöglichte, nicht depressiv zu werden und passiv in Schuldgefühlen zu versinken. Sondern aktiv die Rolle des Aufmerksamen und Fürsorglichen zu übernehmen, auch wenn dies unangemessen für ein Kind ist.

Aufgrund seines ausgeprägten Reflexionsvermögens und seiner Erfahrungen aus der psychotherapeutischen Ausbildung konnten wir die positiven Aspekte seiner fürsorglichen Anteile von den negativen Begleiterscheinungen des Korsetts trennen. Tino lernte nach und nach, sich auch auf andere Menschen zu verlassen und Verantwortung abzugeben. Seinen Impuls, alles kontrollieren zu müssen, erkannte er als Folge seiner Erfahrungen als Kind.

Es gelang ihm in den folgenden Wochen und Monaten auch, seinen Alkoholkonsum deutlich zu reduzieren. Und gleichzeitig das Korsett nicht als Zeichen von Schwäche zu verteufeln oder schlechtzumachen, sondern es, wie er selbst sagte, »offen zu tragen«. Trotzdem war er weiterhin fürsorglich, aber nicht aus seiner ursprünglichen Angst heraus. Und er konnte sich von tatsächlichen und gefühlten Anforderungen anderer Menschen abgrenzen und nach intensiven beruflichen Phasen auch erholen.

Mir ist wichtig, dass Sie diesen Aspekt im Hinterkopf haben, wenn ich Ihnen gleich eine Übung vorstelle: Machen Sie Ihr Korsett nicht schlecht, es hat Ihnen gute Dienste geleistet, in einer Zeit, in der Sie in Not waren. Aber machen Sie sich auch die Chancen bewusst, die sich bieten, wenn Sie anfangen, das Korsett »offener« zu tragen.

Fast immer ist das größte Hindernis auf dem Weg aus dem Korsett heraus die Angst, sich ohne Korsett nicht halten zu können. Diese Angst sitzt oft so tief, dass es viel Motivation braucht, sich trotzdem auf den Weg zu machen. Wichtig ist, dass man sich die Möglichkeiten der neu gewonnenen Freiheit bewusst macht. Und versteht, dass man das Korsett nicht ganz aufgeben muss, sondern zunächst nur lockern kann. Dann hat man die Wahl, wann man es in Anspruch nehmen möchte. Und wann man sich bewusst öffnet für neue Erfahrungen.

Die folgende Übung macht Ihnen die Funktion des rettenden Korsetts erlebbar.

Übung zum »rettenden Korsett«

Dafür ist es wichtig, dass Sie sich Zeit nehmen und an einen Ort begeben, an dem Sie sich geborgen fühlen. Machen Sie sich einen Tee, zünden Sie eine Kerze an, holen Sie sich eine Decke, vielleicht mögen Sie in einer Hängematte liegen.

Um sich die Funktion des rettenden Korsetts bewusst zu machen, ist es notwendig, dass Sie Kontakt zu Ihrem unversorgten Kind aufnehmen. Suchen Sie bitte zunächst ein Kinderfoto von sich heraus, auf dem Sie ungefähr sechs bis acht Jahre alt sind. Ein Alter, an das Sie sich schon recht gut erinnern können, bei dem Sie also nicht auf die Erzählungen anderer angewiesen sind, und in dem Sie noch eindeutig Kind sind.

Schließen Sie dann die Augen und lassen Sie ein Bild von Ihrem unversorgten Kind vor Ihrem inneren Auge erscheinen. Gehen Sie aber nicht ganz in das Gefühl hinein, sondern versuchen Sie eine Beobachterposition zu behalten. Betrachten Sie Ihr unversorgtes Kind mit seinen Bedürfnissen, seinen Nöten und seinen Emotionen. Fragen Sie sich: »Was hat dem Kind gefehlt?«, »Wie hat es sich gefühlt?«, »Was hätte es gebraucht?«

Wenn Sie ein klares Bild vor Augen haben, lassen Sie auch ein Bild von Ihrem rettenden Korsett vor dem inneren Auge erscheinen. Verdeutlichen Sie sich, was das rettende Korsett für Ihr unversorgtes Kind geleistet hat. Viele meiner Patienten sehen dann Bilder einer Mauer, einer Rüstung oder eines Schildes. Wichtig ist jedoch die Funktion, die sich darin verbirgt: »Wobei hat mein rettendes Korsett mir geholfen?«, »Was hätte passieren können, wenn ich keine Unterstützung gehabt hätte?«

Vielleicht hat dieses Korsett Ihr unversorgtes Kind vor Ungerechtigkeiten geschützt, wenn es angeschrien oder ungerecht behandelt wurde. Zum Beispiel, indem Sie sich unter dem Bett oder in einem Schrank versteckt haben. Vielleicht hat Ihr Korsett Sie vor dem Fernseher oder dem Computer versinken lassen und so dafür gesorgt, dass Sie Streitereien der eigenen Eltern nicht gehört haben. Oder es hat auf Spielplätzen Raufereien begonnen, damit Sie sich nicht beschämt oder ohnmächtig gefühlt haben.

Was auch immer Ihr rettendes Korsett für Ihr unversorgtes Kind getan hat: Es ist wichtig, sich dies in Erinnerung zu rufen und vor dem inneren Auge zu beobachten. Machen Sie sich dabei klar, dass Ihr rettendes Korsett damals keine andere Möglichkeit gesehen hat, Sie zu schützen. Sie wurden auch geschützt, gut geschützt sogar, aber eben nicht kindgemäß versorgt. Diese Aufgabe hätten Ihre Eltern, Großeltern oder auch Ihre Lehrer übernehmen müssen.

Nun malen Sie sich eine dieser Situationen, in denen Ihr rettendes Korsett Ihr unversorgtes Kind vor Schlimmerem bewahrt hat, vor Ihrem inneren Auge genau aus. Machen Sie sich klar, wie es Ihnen ergangen wäre, wäre das rettende Korsett nicht da gewesen. Beobachten Sie, mit welcher Beharrlichkeit es schwierigste Situationen bewältigt hat, um das unversorgte Kind vor Schlimmerem zu bewahren. Und wenn Sie dann eine solche Situation vor Ihrem inneren Auge haben, möchte ich, dass Sie sich Ihrem rettenden Korsett zuwenden und sich bei ihm bedanken. Vielleicht teilen Sie ihm etwas mit wie: »Danke, dass du für mein unversorgtes Kind da gewesen bist. Hätte es dich nicht gegeben, wäre es ihr/ihm viel schlechter ergangen.«

Es ist wichtig, dass Sie diesen Dank ernst meinen, dass Sie eine wohlwollende Haltung zu Ihrem rettenden Korsett entwickeln, weil dieser Anteil von Ihnen sich wirklich angestrengt hat, Ihnen zu helfen.

Der nächste Schritt besteht darin, dem rettenden Korsett zu vermitteln, dass nun der gesunde Erwachsene in Ihnen die Aufgabe des Korsetts übernehmen möchte. Sie sind jetzt erwachsen, Sie können sich Hilfe holen. Sie können dem rettenden Korsett klarmachen, dass Sie sich in einer wohlwollenden Umgebung befinden und für sich eintreten können.

Vielleicht sagen Sie dann so etwas wie: »Danke, dass du dich so gut gekümmert hast. Wenn du einverstanden bist, würde ich nun Teile deiner Aufgaben übernehmen. Auch wenn der Schutz wichtig war und wichtig ist, möchte ich mich den unversorgten Bedürfnissen zuwenden und unserem unversorgten Kind das geben, was es bisher nicht bekommen hat.« Auch dabei ist es wieder wichtig, die Leistung des rettenden Korsetts anzuerkennen.

Zum Schluss wenden Sie sich dem unversorgten Kind in Ihnen zu. Sagen Sie ihm, dass es sich keine Sorgen machen muss. Dass Sie da sind, um ihm zu helfen, dass Sie sich kümmern werden und dass es keine Angst haben muss. Erspüren Sie, wie Ihr unversorgtes Kind reagiert und achten Sie auf eine wohlwollende und unterstützende Haltung.

Zum Ende der Übung verabschieden Sie sich von Ihrem unversorgten Kind mit der Botschaft, dass es nicht allein ist und Sie sich nun um seine Bedürfnisse kümmern. Und schließlich bedanken Sie sich noch einmal bei Ihrem rettenden Korsett für seine wichtige Unterstützung in den letzten Jahren und versichern ihm, dass Sie sich um das unversorgte Kind kümmern werden.

Die unerbittliche Stimme

Die innere Stimme, die sich in Menschen breitmacht, habe ich bereits erwähnt. Im Folgenden möchte ich sie näher vorstellen – und ihre Bedeutung für den Umgang mit unseren Kindern.

Das Konzept der »unerbittlichen Stimme« wird in der Schematherapie auch als strafender oder fordernder Modus bezeichnet. Zu erkennen ist sie an Botschaften wie »Du bist zu dick«, »Du schaffst das alles nicht« oder »Du bist zu blöd!«. Bei der Therapeutin Maria, die übergroße Angst um ihre Kinder hatte, sagte die unerbittliche Stimme ihr: »Du machst alles falsch!«, »Du bist eine schlechte Mutter!« und auch »Du bist nicht wichtig!«

Diese Stimme macht einem das Leben schwer, lässt einen mitunter verzweifeln. Mir gefällt das Konzept sehr gut, auch wenn ich mich darüber mit Kolleginnen und Kollegen häufig auseinandersetzen muss. Anders als ich sind viele von ihnen der Meinung, dass eine gute therapeutische Arbeit darin besteht, auch negative Erfahrungen als einen Teil von sich anzuerkennen und damit leben zu lernen.

Doch bei der unerbittlichen Stimme sollte das meiner Auffassung nach nicht so sein. Fast alle Menschen haben einen Anteil in sich, der nicht wohlwollend mit ihrem Selbst umgeht. Dessen Botschaften sind absolut nicht hilfreich und daher sollten wir aus meiner Sicht auch nicht mit ihnen leben lernen oder sie gar wohlwollend begrüßen.

Es ist sehr hilfreich zu verstehen, wie diese Stimme entstanden ist, wo ihr biographischer Ursprung liegt. Häufig spiegelt dieser Anteil in Ihnen negative Erfahrungen und Stimmen von Menschen wider, die während Ihrer Kindheit für Sie verantwortlich waren, die dieser Verantwortung aber nicht gerecht wurden. Häufig sind es Eltern oder andere nahe Familienangehörige. Manchmal auch Bezugspersonen aus Kita oder Schule.

Diese haben wahrscheinlich nicht absichtlich oder aus bösem Willen so gehandelt, wie sie es getan haben. Sondern weil sie nicht anders konnten oder es nicht besser wussten. Was das Verhalten allerdings nur erklärt und nicht rechtfertigt, denn jedes Kind hat es verdient, gut behandelt zu werden.

Es gibt viele Botschaften der unerbittlichen Stimme, die uns beim Erreichen unserer Ziele behindern. Ich finde es wichtig für ein gutes Leben, die unerbittliche Stimme zu bekämpfen und sie dadurch in die Bedeutungslosigkeit verschwinden zu lassen. So sehr Sie vielleicht auch diese Stimme rechtfertigen, sich womöglich sagen, dass Sie es ohne diesen unerbittlichen Teil in Ihnen gar nicht so weit gebracht hätten. Aber dem entgegne ich: Sie sind trotz dieser niederdrückenden »inneren Stimme«, die Ihnen Energie raubt, statt Ihnen Energie zu geben, so weit gekommen.

Die unerbittliche Stimme kann sich auf zwei unterschiedlichen Wegen entwickeln. Einer davon ist sehr direkt, wie das folgende Beispiel zeigt.

Das schaffst du nie! Der Fall von Norbert

Norbert ist Theologe und war Mitte 40, als ich ihn kennenlernte und aufgrund einer Depression behandelte. Er traute sich keine Veränderungen im Leben zu, hatte Schwierigkeiten, Menschen anzusprechen, und bekam während einer Therapiestunde sogar eine Panikattacke.

Dazu kam es, als ich ihm vorschlug, einen Brief an Menschen zu schreiben, die ihm wichtig sind. Die Vorstellung, handschriftlich einen Brief zu verfassen, war bei Norbert ganz eng mit dem Gedanken »Das schaffst du nie!« verbunden. Objektiv entbehrte das jeder Grundlage, schließlich hatte Norbert sogar erfolgreich ein Theologiestudium absolviert.

Etwas später wurde die tiefere Ursache deutlich. Norbert erinnerte sich während einer Imagination an eine Situation als Grundschüler. Er hatte damals Schwierigkeiten mit der Rechtschreibung. Seiner Lehrerin hatte er vor einer Klassenarbeit gesagt, dass er vorhabe, eine Zwei zu schreiben. Die Lehrerin entgegnete: »Das schaffst du nie, Rechtschreibung ist einfach nicht deine Stärke.« Zu ähnlichen Situationen kam es damals häufiger.

Norbert hatte als Kind immer wieder die deutliche Botschaft »Das schaffst du nie!« gehört. Diese Botschaft hat sein Leben noch als Erwachsener negativ beeinflusst. Dass sich diese so in ihm festsetzt, hätten womöglich seine Eltern verhindern können, indem sie ihm vermitteln, dass sie es schätzen, dass er sich anstrengt – unabhängig vom Ergebnis. Dass er in Rechtschreibung vielleicht länger brauche als seine Mitschüler, dies aber kein Problem sei, da jeder Mensch anders und in seinem Tempo lernt. Doch das hatten seine Eltern nicht getan. Erst durch die Therapie konnte Norbert seine Einstellung zu seiner unerbittlichen Stimme verändern – und schließlich ohne Angstzustände Briefe schreiben.

Wenn Menschen derartige Botschaften nicht direkt hören, sind die auslösenden Momente für eine unerbittliche Stimme nicht so leicht zu finden, wie der folgende Fall zeigt.

Nur Leistung zählt. Der Fall von Meike

Ich erinnere mich an Meike, eine junge Firmengründerin und Managerin, die aufgrund erheblicher Schlafstörungen zu mir kam. Sehr schnell wurde klar, dass Meike der Überzeugung war, nur Leistung zähle im Leben etwas. Sie trug innere Botschaften mit sich wie »Wer Pausen macht ist schwach« und »Man darf nur stolz auf sich sein, wenn man perfekt ist.« Zwar war sie beruflich erfolgreich, aber sie hatte keine echten Freunde. Ihre Partnerschaften waren oberflächlich und um ihre Gesundheit stand es nicht gut.

Wir haben gemeinsam nach dem Ursprung ihrer unerbittlichen Stimme gesucht. Meike erinnerte sich an ihre sehr fürsorglichen Eltern, die beide unglaublich viel arbeiteten. Familienausflüge gab es nicht, allenfalls jeweils ein Elternteil hatte Zeit für sie. Meike wurde abends liebevoll zu Bett gebracht und sie bekam eine Geschichte vorgelesen.

Aber das kleine Mädchen beobachtete, wenn sie spät zur Toilette ging, dass ihre Eltern immer noch am Schreibtisch saßen und arbeiteten. Aus dieser Erfahrung heraus hatte Meike die Botschaften ihrer inneren Stimme entwickelt, ohne dass jemand diese explizit ausgesprochen hätte. Sondern allein durch Beobachtung. Nach der Therapie waren ihre Schlafstörungen zwar nicht gänzlich verschwunden, doch Meike schlief viel besser – und hat sich dann auch um engere Beziehungen zu anderen Menschen gekümmert.

Wichtig ist, dass es in diesen Fällen nicht um jede innere Forderung an sich selbst geht – einige Ansprüche, die man an sich selbst hat, sind ja durchaus sinnvoll und gerechtfertigt. Sondern es geht um jene, die unerbittlich sind, denen jede Wertschätzung fehlt. Aussagen wie: »Ich war schon eine schlechte Tochter, jetzt bin ich auch noch eine schlechte

Mutter.« Derartige Aussagen sollten wir nicht als Teil von uns anerkennen, sondern kraftvoll bekämpfen.

Das ist meist auch gut möglich, wenn man spürt, wie ungerecht die unerbittliche Stimme ist. Es gibt aber eine Variante derartiger Aussagen, bei denen eine gewisse Befriedigung eintreten kann, etwa wenn man das Gefühl hat, sich für andere zu opfern. Wenn Sie sich beispielsweise sagen: »Es läuft eigentlich ganz gut, aber das alles ist nur etwas geworden, weil ich mich völlig aufopfere. Sollte ich jedoch versuchen, mehr an mich zu denken, werde ich schuld daran sein, dass alles den Bach runtergeht – das darf ich auf keinen Fall riskieren!«

Dann hilft es, sich Folgendes klarzumachen: Für Sie selbst mag die Aufopferung ein einigermaßen erträglicher, manchmal vielleicht sogar angenehmer Zustand sein. Sie verleugnen aber einige Auswirkungen Ihres Verhaltens. Sicher hat es auch positive Aspekte, wenn Sie auf Schlaf und Selbstfürsorge verzichten, damit es Ihren Kindern immer gut geht. Aber abgesehen davon, dass Sie langfristig unter dieser Strategie leiden werden, Sie geben damit ein schlechtes Vorbild für Ihre Kinder ab und riskieren, dass diese, ohne sich dessen bewusst zu sein, in dieselbe Falle tappen wie Sie.

Die elterliche Vorbildfunktion gilt es immer mitzudenken. Denn das eigene Verhalten ist das wichtigste Werkzeug der Erziehung, viel wichtiger als jede Erklärung oder Anweisung. Sie können Ihrem Kind tausendmal sagen, dass es andere Kinder nicht anschreien und beleidigen darf – wenn Sie als Erwachsene so mit anderen Menschen umgehen, dann wird Ihr Kind dieses Verhaltensmuster aller Wahrscheinlichkeit nach übernehmen.

Diese Erkenntnis soll nicht bedrohlich auf Sie wirken, sondern vor allem erleichternd. Denn den größten Gefallen tun

Sie Ihren Kindern mit kleinen, aber sinnvollen Veränderungen Ihrer eigenen Verhaltensmuster. Und nicht mit komplizierten pädagogischen Maßnahmen. Nehmen Sie das gerne als Motivation, sich auch selbst immer mal wieder etwas Gutes zu tun. Mit dem Wissen, dass dies langfristig dazu beiträgt, Ihren Kindern die wichtige Fähigkeit zur Selbstfürsorge nahezubringen.

Was können Sie nun tun, um Ihre unerbittliche Stimme zu erkennen und loswerden – oder zumindest einzuhegen? Dazu möchte ich Ihnen eine Übung vorstellen.

Übung zur »unerbittlichen Stimme«

Nehmen Sie sich auch hierfür genügend Zeit. Gehen Sie an den Platz in der Wohnung oder in der Natur, der Ihnen auch bei der vorherigen Übung gutgetan hat.

Schritt eins: Vergegenwärtigen Sie sich zunächst, dass Ihre unerbittliche Stimme immer wieder dafür sorgt, dass es Ihnen nicht gut geht. Sie ist verantwortlich für ein Verhalten, das sich nicht an Ihren Bedürfnissen orientiert. Dieser Anteil in Ihnen speist sich aus den Unsicherheiten, die Sie als Kind gegenüber Ihren Bezugspersonen gespürt haben. Aus den strafenden und fordernden Erfahrungen, die Sie zu Unrecht gemacht haben. Aus der mangelnden Unterstützung, die Sie erfahren mussten und womöglich auch dem Mangel an Freude, Spaß und Spontaneität, die man Ihnen verwehrt hat.

Sie merken schon, dass die unerbittliche Stimme kein guter Ratgeber ist. Sie ist der Anteil in Ihnen, der dafür sorgt, dass Sie in der Erziehung vielleicht ungerecht sind oder auch nicht konsequent genug. Machen Sie sich klar, welche Botschaften diese Stimme sendet. Sammeln Sie diese und schreiben Sie die Urteile und Forderungen auf. Verwenden Sie die »Du-Form«:

Wenn die Stimme Ihnen sagt, dass Sie ein schlechter Vater sind oder Sie weniger wichtig sind als andere, schreiben Sie: »Du bist ein schlechter Vater!« oder auch »Du bist weniger wert als andere!« Die Du-Form hilft, eine Distanz zu der Botschaft zu bekommen.

Schritt zwei: Nun beginnen Sie damit, sich von diesem Anteil in Ihnen zu lösen. Das ist nicht leicht, denn Ihnen wurde ja vermittelt, dass Sie die Forderungen und Urteile verinnerlichen und nicht etwa vergessen sollten. Vergegenwärtigen Sie sich deshalb zunächst einmal, auf was Sie aufgrund Ihrer unerbittlichen Stimme schon alles verzichtet haben und noch immer verzichten.

Sind es zum Beispiel Abende mit Freunden, die Sie abgesagt haben, weil die innere Stimme Ihnen vermittelte, dass nach Arbeit und Kindererziehung erst einmal die Wohnung auf Vordermann zu bringen ist, bevor an »Freizeit« zu denken ist? Oder ist es der Streit bei den Hausaufgaben, bei dem Sie sich unbedingt durchsetzen mussten, weil angeblich nur das Beste gut genug für Ihr Kind ist? Oder ist es Ihnen nicht möglich, stolz auf das zu sein, was Sie täglich leisten, in der Kindererziehung, im Beruf, in der Partnerschaft, da Ihre unerbittliche Stimme jedes Lob lähmt? In meiner therapeutischen Arbeit lerne ich sehr viele Menschen kennen, die das, was sie leisten, nicht anerkennen und wertschätzen können.

Manchmal kann man einen kleinen Trick anwenden, um seine unerbittliche Stimme überhaupt zu erkennen: sich mit Freunden und Bekannten vergleichen. Stellen Sie sich vor, wie stolz Sie auf eine Freundin sind, die trotz ihrer Aufgaben als Mutter auch beruflich erfolgreich ist. Oder denken Sie an die befreundete Familie, die es schafft, sich regelmäßig mit Freunden einfach so zum Quatschen zu treffen, ganz spontan, ohne dass die Küche aufgeräumt oder vorher ein Kuchen gebacken worden ist.

Und dann überlegen Sie: Bin auch ich stolz auf das, was ich erreicht habe? Kann auch ich entspannt mit Freunden quatschen, auch wenn meine vermeintlichen Aufgaben noch nicht abgearbeitet sind? Wenn Sie zu der Erkenntnis gelangen, dass Sie an sich andere Maßstäbe anlegen als an Ihr Umfeld, ist dies ein eindeutiger Hinweis darauf, dass Ihre unerbittliche Stimme aktiv ist.

Dieser etwas entgegenzusetzen ist auch für Ihre Kinder wichtig. Denn wenn Sie dieser Stimme viel Macht in Ihrem Leben geben, dann erhöhen Sie das Risiko, dass auch Ihre Kinder eine solche entwickeln. Und auf die gleichen wunderbaren Gefühle von Glück und Zufriedenheit verzichten wie Sie.

Notieren Sie nun, auf was Sie alles verzichten, beispielsweise: »Wegen meiner unerbittlichen Stimme habe ich weniger unbeschwerte Zeit mit meinen Kindern, … beharre ich auf Regeln, die nicht sinnvoll sind, … treffe ich meine Freunde weniger, … ist mein Leben anstrengend und unausgeglichen.« Versuchen Sie nun, sich in dieses Gefühl hineinzusteigern. Fühlen Sie, wie ungerecht es ist, dass Sie und vielleicht auch Ihre Kinder darunter leiden. Lassen Sie Ihren Emotionen von Wut, Ungerechtigkeit und Frust freien Lauf.

Schritt drei: Richten Sie Ihre Emotionen nun gegen Ihre unerbittliche Stimme und sammeln Sie Gegenbotschaften. Schreiben Sie auch diese Botschaften nieder, aber auf einen neuen Zettel: »Ich kann stolz auf das sein, was ich erreicht habe.« »Ich sehe eine glückliche Tochter, und das ist auch mein Verdienst.« »Ich habe es verdient, mich auszuruhen.« »Wenn mein Sohn gut versorgt und behütet ist, ist es wichtig und richtig, mich auszuruhen.« »Es ist vollkommen okay, nicht perfekt zu sein, niemand ist perfekt.« »Es ist wichtig, dass auch Eltern Spaß haben.« »Quatsch zu machen ist gut für die Gesundheit.« Und was Ihnen noch alles einfällt.

Dann lesen Sie sich diese Botschaften laut vor. Stehen Sie dazu am besten auf. Stellen Sie sich aufrecht und kraftvoll hin, beide Füße stabil auf dem Boden und sprechen mit voller Stimme, ohne zu schreien. Und wenn Ihnen doch danach ist: SIE DÜRFEN AUCH SCHREIEN!

Schritt vier: Leben Sie nun den Impuls der Gegenwehr aus. Sie könnten beispielsweise den Zettel mit den Botschaften der unerbittlichen Stimme rituell zerstören. Haben Sie einen Kamin? Dann verbrennen Sie die Botschaften. Ist ein Fluss oder ein See in der Nähe? Binden Sie die Botschaften an einen Stein und versenken Sie ihn. Ich habe den Zettel mit meinen unerbittlichen Botschaften in kleinste Teile zerrissen und als Konfetti in die Luft geworfen; dann habe ich den Staubsauger geholt – und weg waren sie.

Während Sie die Botschaften Ihrer unerbittlichen Stimme zerstören, sprechen Sie die Gegenbotschaften erneut deutlich aus. Ergänzen Sie gerne eigene Botschaften, die Ihnen gerade in den Sinn kommen wie ein »Lass mich in Ruhe!« oder auch »Verpiss dich!«.

Abschließend könnten Sie sich Ihr unversorgtes Kind vorstellen. Wie dieser Anteil beobachtet, wie Sie in diesem Moment als gesunder Erwachsener Ihrer unerbittlichen Stimme kraftvoll entgegengetreten sind und klar Stellung bezogen haben. Dann können Sie innerlich wahrnehmen, wie Ihr unversorgtes Kind geradezu aufatmet. Ja, vielleicht sogar ein wenig schmunzelt, weil der wirkliche Bösewicht endlich mal die Leviten gelesen bekommt.

4. Unsere Grundbedürfnisse als Mütter und Väter (und warum sie den Umgang mit unseren Kindern so schwer machen, wenn sie nicht befriedigt worden sind)

Wer sich selbst kennenlernen möchte, wer wissen will, wohin er sein Leben steuern kann und was er braucht, um glücklich und zufrieden zu sein, der sollte seine Bedürfnisse im Blick haben. Doch nicht immer ist es leicht, diese zu erkennen und zu verstehen.

Dass ein Mensch grundsätzlich Bedürfnisse hat, weiß und spürt jeder. Meist denken wir dabei zunächst an die offensichtlichen Dinge: essen, trinken, schlafen, zur Toilette gehen.

Uns ist auch völlig klar, wie unangenehm es ist, wenn solche körperlichen Grundbedürfnisse nicht befriedigt werden. Empfindungen wie Müdigkeit oder Magenknurren machen uns ziemlich umgehend auf sie aufmerksam. Und veranlassen uns, ihnen nachzukommen. Das läuft meistens automatisch ab.

Doch wir ahnen: Da ist mehr. Denn auch wenn unsere körperlichen Bedürfnisse umfassend befriedigt sind, wir satt und ausgeschlafen in einem schönen Eigenheim den Tag zubringen, heißt das noch lange nicht, dass es uns auch gut geht. Was fehlt dann in vielen Fällen? In der Regel eine Erfüllung unserer psychischen Grundbedürfnisse – also jener Bedürfnisse, die für unser Seelenheil wichtig sind.

Doch warum fallen uns diese Bedürfnisse nicht immer unmittelbar auf? Nun, mit körperlichem Verlangen wie Hunger und Durst machen wir alltägliche Erfahrungen. Werden sie nicht erfüllt, ist recht schnell unser Überleben gefährdet. Anders ist es mit emotionalen Grundbedürfnissen. Mit ihnen fällt der Umgang schwerer, weil ihre Nichterfüllung erst langfristig negative Folgen zeigt. Und die meisten von uns haben nicht gelernt, über ihre emotionalen Bedürfnisse zu sprechen. Hinzu kommt: Selbst unter Experten ist umstritten, welche und wie viele psychische Grundbedürfnisse es überhaupt sind, die ein Mensch hat.

Und so gibt es in der Psychologie eine lange Tradition der Auseinandersetzung mit psychischen Grundbedürfnissen. Sigmund Freud, der Begründer der Psychoanalyse, hatte den Lebenstrieb (Eros) als Grundbedürfnis vorgestellt, den er später um einen Todestrieb (Thanatos) ergänzte (wobei Letzterer sehr umstritten ist). Die aus dem Lebenstrieb resultierende psychische Energie ist laut Freud eng mit unserem Wollen, unserem Handeln und unseren Wünschen verbunden. Als Sekundärtriebe nannte er zudem das Bedürfnis nach Anerkennung und Sicherheit.

Das bekannteste zeitgenössische Konzept der Grundbedürfnisse des Menschen ist jedoch die Maslowsche Bedürfnispyramide. Abraham Maslow, Gründervater der Humanistischen

Psychologie, ging davon aus, dass zunächst Bedürfnisse wie Hunger und Durst befriedigt werden müssen. Erst dann entwickele der Mensch Bedürfnisse nach Sicherheit – und darauf aufbauend nach Kontakt, Liebe und Zugehörigkeit. Darüber angeordnet ist das Bedürfnis nach Selbstwert. Und an der Spitze der Pyramide das Bedürfnis nach Selbstverwirklichung. Letztere sind für ihn die psychischen Grundbedürfnisse.

Umfangreich erforscht hat die psychischen Bedürfnisse schließlich Klaus Grawe, ein bedeutender deutscher Psychotherapeut. Er hat jene Bedürfnisse, die »bei allen Menschen vorhanden sind und deren Verletzung oder dauerhafte Nichtbefriedigung zu Schädigungen der psychischen Gesundheit und des Wohlbefindens führen« in vier Grundbedürfnisse eingeteilt:

1. Das Bedürfnis nach Orientierung und Kontrolle
2. Das Bedürfnis nach Lustgewinn und Unlustvermeidung
3. Das Bedürfnis nach Bindung
4. Das Bedürfnis nach Selbstwerterhöhung und Selbstwertschutz

Jeffrey Young, der Begründer der Schematherapie, hat diese vier Grundbedürfnisse dann am Ende des 20. Jahrhunderts an die Schematherapie angepasst und erweitert. So ersetzte er zum Beispiel den Begriff »Lustgewinn« durch den allgemeineren Begriff »Spiel und Spontaneität«, der ein breiteres Verständnis dieses Bedürfnisses widerspiegelt.

Die zentrale Grundannahme der Schematherapie ist, dass jeder Mensch über fünf angeborene emotionale Grundbedürfnisse verfügt. Wenn diese im Laufe von Kindheit und Jugend befriedigt werden, ist eine gesunde seelische Entwicklung möglich. Wobei gesund bedeutet, dass der erwachsene Mensch eigenständig in der Lage ist, befriedigende zwischenmenschliche Beziehungen einzugehen und aufrechtzuerhalten. Dass er eigene Gefühle und Bedürfnisse und auch die seines Gegenübers wahrnehmen und berücksichtigen kann. Dass er Konflikte und Probleme konstruktiv zu lösen vermag.

Bereits jedes Kind strebt laut Young eine Erfüllung dieser Bedürfnisse an. Werden sie nicht ausreichend befriedigt, entsteht psychischer Schmerz und es erhöht sich das Risiko für eine psychische Erkrankung. Ganz ähnlich wie sich das Risiko für körperliche Krankheiten erhöht, wenn man sich dauerhaft schlecht ernährt oder zu wenig schläft.

Die fünf emotionalen Grundbedürfnisse nach Young sind:

1. **Das Grundbedürfnis nach sicherer Bindung und Schutz**
   Das Kind erfährt Nähe, Konstanz, Verfügbarkeit, Zuverlässigkeit und Zuwendung, fühlt sich geliebt, angenommen, geborgen, sicher und zugehörig. Dieses Bedürfnis spielt gerade in den ersten Lebensjahren eine zentrale Rolle. Hat ein Kind in dieser Phase eine verlässliche Bezugsperson, entwickelt es ein Grundvertrauen in andere Menschen und Beziehungen. Fehlt eine verlässliche Bezugsperson, entsteht eine erhöhte Wahrscheinlichkeit für Bindungsstörungen und psychische Erkrankungen. Auch später im Leben hat das Bindungsbedürfnis einen wesentlichen Einfluss auf die Zufriedenheit.

2. **Das Grundbedürfnis nach Autonomie, Identität und Kompetenz**
   Fühlt ein Kind sich sicher an eine Bezugsperson gebunden, entwickelt es den Wunsch, sein Leben selbstständig zu gestalten, Situationen zu verstehen und zu kontrollieren,

eigene Entscheidungen treffen zu können. Es darf selbstständig die Welt erkunden und Erfahrungen machen. Es darf sich und seine Bedürfnisse spüren und Möglichkeiten ausprobieren, diese zu befriedigen. Es darf alltägliche Dinge selbst tun und dabei Fehler machen, darf an diesen Erfahrungen wachsen und lernen.

3. **Das Grundbedürfnis nach realistischen Grenzen und Selbstkontrolle**
Das Kind benötigt dazu ein Gegenüber, das die eigenen Bedürfnisse und Interessen offenlegt. Es ist wichtig, dem Kind mitzuteilen, wenn es einen selbst oder auch andere verletzt. Es muss lernen, dass sein Verhalten Einfluss auf das emotionale Erleben seiner Umwelt hat. Dadurch werden den Bedürfnissen und Interessen des Kindes natürliche und angemessene Grenzen gesetzt. Das sichert seine Integration in die Gemeinschaft und befriedigt auch das Bindungsbedürfnis des Kindes. Dem Bedürfnis nach Selbstkontrolle wird auch dadurch Raum gegeben, indem Erwachsene das Kind bei der Unterstützung langfristiger Ziele unterstützen, ohne einen konkreten Weg vorzugeben, etwa bei der Wahl eines Ausbildungsplatzes. Das ermöglicht die Entwicklung von Selbstverantwortung und einen angemessenen Umgang mit der eigenen Impulsivität.

4. **Das Grundbedürfnis nach Freiheit im Ausdruck von Bedürfnissen und Emotionen**
Das Kind darf seine Emotionen in all ihren Facetten ausdrücken. Es darf traurig sein, zornig sein, genauso wie sich für die ersten Frühlingsblumen zu begeistern oder seine tiefe Zufriedenheit über eine Urkunde bei den Bundesjugend-

spielen Ausdruck zu geben. Jeder Mensch strebt von Geburt an unablässig danach, lustvolle Erfahrungen zu sammeln und unangenehme oder schmerzhafte Erlebnisse zu vermeiden. Genauso wichtig aber ist es, mit Unlustgefühlen umzugehen und diese in einem gewissen Maße auszuhalten, um längerfristige Ziele zu erreichen. Dem Kind wird erklärt, dass hinter einer unangenehmen Emotion ein unbefriedigtes Bedürfnis stecken kann und die angemessene Befriedigung des Bedürfnisses auch das unangenehme Gefühl reguliert. Es erfährt, dass seine Bedürfnisse und Gefühle wichtig und in Ordnung sind.

5. **Das Grundbedürfnis nach Spontaneität und Spiel**
   Das Kind darf ausgelassen sein, Spaß haben, Quatsch machen, sich gehen lassen, sich treiben lassen, genießen, ziellos sein. Es darf stundenlang schaukeln, matschen oder malen, es darf auf dem Weg von A nach B an jedem Halm und jedem Stöckchen und Steinchen stehen bleiben und es bewundern. Es darf laut sein und wild sein und sich auf den Moment einlassen.

Die Erfüllung dieser fünf emotionalen Grundbedürfnisse ist enorm wichtig für eine psychisch gesunde Entwicklung. Das zeigen die Beispiele von Patientinnen und Patienten, von denen ich in den folgenden Kapiteln erzähle.

Es gibt keinen idealen Weg zur Bedürfniserfüllung, der für alle Menschen gleichermaßen der beste ist. Wer sich aber bei jedem seiner Kinder und bei sich selbst in regelmäßigen Abständen die Frage stellt, inwiefern die Grundbedürfnisse in balancierter Weise erfüllt sind, ist schon auf einem guten Weg: für sich selbst, aber auch dafür, eine gute Mutter oder ein guter Vater zu sein – und das Kind dabei zu unterstützen, eine selbstbestimmte und selbstwirksame Persönlichkeit zu werden.

Sind unsere Grundbedürfnisse weitestgehend erfüllt, geht es uns gut. Dann erleben wir positive Gefühle wie Freude, Zufriedenheit oder Stolz. Natürlich ist es nicht möglich, alle Bedürfnisse immer optimal zu erfüllen. In bestimmten Situationen und Lebensphasen, zum Beispiel nach dem Umzug in eine neue Stadt oder nach einer Trennung, kommt es oft zu einer Vernachlässigung einzelner Bedürfnisse.

Nach einiger Zeit schaffen wir es jedoch meist, unser Leben wieder nach unseren Bedürfnissen zu gestalten. Solche Phasen sind immer wieder notwendig, um eine persönliche Weiterentwicklung zu ermöglichen. Zudem gewinnen wir gerade in diesen Zeiten Vertrauen in uns, auch schwierige Lebensphasen bewältigen zu können.

Werden Grundbedürfnisse dauerhaft nicht befriedigt, kommt es zu anhaltend negativen Gefühlen und Anspannung – und längerfristig zu einer erhöhten Anfälligkeit für psychische Krankheiten. Wird etwa das Bedürfnis nach Bindung über längere Zeit nicht erfüllt, weil wir keine sozialen Kontakte haben, leiden wir mit hoher Wahrscheinlichkeit unter Einsamkeit und entwickeln womöglich sogar eine depressive Erkrankung. Das haben viele Menschen während der Corona-Pandemie erlebt.

Ähnlich ist es, wenn Grundbedürfnisse ständig im Widerspruch zueinander stehen: Wenn beispielsweise eine neue Beziehung das Bedürfnis nach Bindung befriedigt, sie aber derart einengend ist, dass gleichzeitig das Bedürfnis nach Autonomie verletzt wird.

Besonders problematisch ist es, wenn unsere Grundbedürfnisse in der Kindheit wiederholt nicht befriedigt wurden. Weil niemand da war, auf den wir uns verlassen konnten. Oder weil es jemanden gab, der uns ständig abgewertet hat. Dann bleiben die unbefriedigten Bedürfnisse aktiv und bestimmen unser Verhalten oftmals noch heute. Wurde beispielsweise das Bedürfnis nach Autonomie, Identität und Kompetenz in der Kindheit massiv verletzt, richten wir unser Verhalten womöglich noch heute übermäßig auf dessen Befriedigung aus: indem wir etwa ständig nach herausragenden Erfolgen streben.

Zwar haben wir alle die gleichen Bedürfnisse – individuell sehr unterschiedlich ist jedoch, wie wichtig ein Bedürfnis für den Einzelnen ist und welche Strategien ihm helfen, es zu befriedigen. Abhängig von unseren Erfahrungen, unserer Persönlichkeit und unserem Temperament ist die Ausgestaltung dieser Bedürfnisse in Quantität und Qualität individuell sehr verschieden. Während dem einen enge, sehr stabile Beziehungen enorm wichtig sind, lebt ein anderer vielleicht monatelang als Einsiedler allein in einer Almhütte und fühlt sich dennoch wohl dabei.

Zudem können Bedürfnisse in bestimmten Lebensphasen variieren. Ein markantes Beispiel ist die in der Pubertät beginnende Ablösung vom Elternhaus: In dieser Phase ist das Bedürfnis nach Selbstbestimmung besonders stark, während das Bindungsbedürfnis an die Eltern in den Hintergrund tritt.

Letztlich ist ein Ausgleich aller Grundbedürfnisse notwendig, um unsere Kinder zu gesunden, glücklichen und widerstandsfähigen Menschen zu erziehen und aufwachsen zu sehen. Auch wenn sich Vergangenes nicht mehr ändern lässt, so können wir uns dennoch später noch mit unseren im frühkindlichen Stadium nicht erfüllten Bedürfnissen auseinandersetzen und einen guten Umgang mit ihnen finden. Das zeigt sich in den folgenden Kapiteln exemplarisch.

4.1. Das Bedürfnis nach Sicherheit

Das Bedürfnis nach sicherer Bindung wird erfüllt, wenn das Kind sich geliebt, angenommen, geborgen und zugehörig fühlt. Doch nicht immer sind Eltern in der Lage, dies alles ausreichend zu erfüllen. Als Mutter und Vater ist es dann hilfreich, seine individuellen »Sollbruchstellen« zu kennen, sich seiner Defizite in unterschiedlichen Bereichen bewusst zu sein. Am deutlichsten wird das nicht durch die Schilderung psychologischer Theorien, sondern anhand von Beispielen aus der Praxis, anhand von Erfahrungen meiner Patienten.

Ratschläge statt Mitgefühl. Der Fall von Manfred

Beim Thema Sicherheit fällt mir der 37-jährige Polizeibeamte Manfred ein, der mit seiner Partnerin in Berlin lebt. Die beiden verstehen sich grundsätzlich gut, sie haben zwei gemeinsame Kinder, sieben und neun Jahre alt. Beide arbeiten zudem im Schichtdienst, sodass sie sich abwechselnd wochenweise um die Kinder kümmern. Als Manfred vor einiger Zeit zu mir in die Sprechstunde kam, berichtete er über Schwierigkeiten im Umgang mit der neunjährigen Leonie.

Manfred erzählte, dass seine Tochter in der Schule Probleme habe. Leonie ist stark weitsichtig, wobei ein Auge noch deutlich schlechter sieht. Daher muss sie nicht nur eine Brille tragen, zudem wurde ein Brillenglas für längere Zeit abgeklebt. Dadurch soll das schlechtere Auge allein arbeiten und nach und nach seine Sehleistung verbessern.

Das sieht für Außenstehende ungewohnt aus und hatte dazu geführt, dass Leonie von älteren Kindern, aber auch von Klassenkameraden gehänselt und ausgelacht wurde. Sie erzählte, dass die anderen Kinder nicht mehr mit ihr spielen wollten. Und dass ihr Begriffe wie »Zyklop« oder auch »Blindfisch« hinterhergerufen wurden.

Das Mädchen kam oft traurig aus der Schule. Das fiel ihrem Vater vor allem in jenen Wochen auf, in denen er für die Betreuung der Kinder zuständig war. Er hatte dann versucht herauszufinden, was der Grund für ihre Traurigkeit war. Und Leonie erzählte nach anfänglichem Widerstand doch, was sie bedrückte.

Positiv ist auf jeden Fall, dass Manfred in engem Kontakt mit seiner Tochter ist. Dass er erkennt, dass es ihr nicht gut geht und er bemüht war, eine Lösung dafür zu finden. Der Vater versuchte, seine Tochter zu unterstützen, sagte ihr, dass sie stark sein müsse, dass sie nicht auf die anderen hören solle. Dass es besser sei, keine Freunde zu haben als solche, die sie derart enttäuscht hätten.

Leonie empfand die Reaktion ihres Vaters zunächst als entlastend und versuchte, seine Ratschläge auch umzusetzen. Aber es änderte nichts daran, dass es ihr schlecht ging. Sie fühlte sich alleingelassen in der Schule, ja einsam – und sie bekam Bauchschmerzen und ihr wurde oft übel. Schließlich ging sie einige Tage nicht zur Schule, dann wollte sie immer häufiger nicht mehr dorthin.

Auch ihr Vater litt darunter, dass sich die Situation nicht verbesserte, sondern vielmehr verschlimmerte. Sein Ärger richtete sich allerdings auch gegen seine Tochter. Vor allem dagegen, dass sie an vielen Tagen nicht zur Schule gehen wollte. Er insistierte immer wieder: Leonie dürfe doch nicht auf die »Idioten« hören, Freunde zu haben würde überbewertet. Es sei wichtig, zur Schule zu gehen, sie dürfe sich ihr Leben nicht versauen lassen.

Vater und Tochter gerieten zunehmend in Streit. Leonie wollte sich der Situation an der Schule nicht länger aussetzen. Und so entstand eine ungute Dynamik zwischen den Forderungen des Vaters und der Reaktion seiner Tochter, die in einer emotional schwierigen Lage feststeckte. In dieser Situation suchte Manfred schließlich therapeutische Unterstützung.

Ich fragte mich nach unserem ersten Gespräch, warum es dem Vater wohl so schwerfiel, auf die Unsicherheiten und Ängste seiner Tochter feinfühliger einzugehen. Er war zwar im engen Kontakt mit ihr, gab ihr auch Ratschläge, die bei einem Kind mit einem anderen Temperament womöglich auch erfolgreich gewesen wären. Er zeigte meiner Einschätzung nach aber wenig Mitgefühl. Er war eher wütend und ärgerlich, mitunter sogar zornig. Aber er konnte offenbar nicht nachempfinden, wie es für seine Tochter war, an der Schule ständig zurückgewiesen zu werden. Er vermochte nicht zu spüren, dass sie traurig und einsam war.

Kognitiv, rational konnte er die Situation seiner Tochter sehr wohl verstehen. Aber er war nicht in der Lage mitzufühlen. Ich wollte herausfinden, woran das lag. Dafür musste ich mehr über Manfred erfahren, wissen, welche Erfahrungen er gemacht hatte, wie er aufgewachsen war. Ich bat ihn, mir zu erzählen, wie seine Beziehung zu seinen Eltern war. Wie in seiner Herkunftsfamilie mit Unsicherheiten umgegangen wurde.

Manfred berichtete, dass sein Vater Offizier bei der Bundeswehr gewesen war. Das bedeutete, dass der Vater häufig versetzt wurde. Daher musste die Familie alle zwei bis drei Jahre umziehen. Manfred wechselte viermal die Schule, gab Freunde auf und fand neue. Seine Mutter war ebenfalls berufstätig, als Einzelhandelskauffrau, was ihr auch wichtig gewesen sei.

Ich bemerkte, dass Manfred stolz auf seine Mutter war. Eine gleichberechtigte Partnerschaft der Eltern war für ihn selbstverständlich, wie er sagte. Insofern war es für ihn auch völlig normal, dass sich seine Eltern nach einem Umzug zunächst einmal beruflich etablieren wollten. Daher hätten sie sich erst danach um ein Familienleben vor Ort gekümmert. Ebenso stolz war Manfred darauf, dass er durch die Umzüge verschiedenste Gegenden von Deutschland kennengelernt hatte: Als Kind spielte er in der Lüneburger Heide, als Grundschüler lebte er im Westerwald, sein Abitur hat er in der Nähe des Bayerischen Waldes gemacht.

Jeder Umzug, merkte ich an, sei sicherlich mit Abschiednehmen verbunden und mit der Frage, wie es wohl weitergehe. Das habe für ihn doch sicherlich ein Gefühl der Unsicherheit mit sich gebracht. Wie denn seine Eltern darauf reagiert hätten. Manfred erzählte, er habe damit wenig Schwierigkeiten gehabt. Er sei ein guter Fußballspieler gewesen und in Sportvereinen als Stürmer und Torjäger immer akzeptiert worden. Auf diese Weise habe er es geschafft, sich vor Ort jeweils rasch zurechtzufinden. Es sei zwar schade gewesen, dass jeder Umzug Freundschaften beendet hätte, aber so sei es eben gewesen.

Nicht erinnern konnte Manfred sich daran, dass seine Eltern die emotional sicherlich schwierigen Umzüge thematisiert hätten. Sie hatten sich vor allem darum gekümmert, dass ihr Sohn am neuen Wohnort im Fußballverein aufgenommen wurde. Nach und nach wurde mir klar, dass es für Manfred außerhalb festgefügter Strukturen – früher im Fußballverein, heute im Polizeidienst – wenig Stabilität gab. Manfred konnte meine Schlussfolgerung nachvollziehen. Zumal er nie Freundschaften außerhalb des Fußballvereins oder der Polizei hatte eingehen können. Selbst seine frühere Partnerin hatte er auf einem Sportlerball kennengelernt und später geheiratet.

Je länger wir uns über seine Biografie unterhielten, desto klarer wurde, warum er seine Tochter in der für sie schwierigen Situation nicht gut unterstützen konnte. Er hatte schlicht nicht vorgelebt bekommen, wie er mit einer solchen Situation feinfühliger hätte umgehen können. Manfred hatte früher zwar längst nicht so große Schwierigkeiten wie seine Tochter heute, aber auch auf sein Bedürfnis nach Sicherheit, nach einer stabilen Basis wurde damals nicht ausreichend eingegangen. Die Schwierigkeiten, die ein Umzug zwangsläufig mit sich bringt, wurden nicht thematisiert. Und der Sportverein mit seiner festen Struktur fing wohl einen Teil der emotionalen Defizite auf, sodass Manfred damals keinen großen Leidensdruck hatte.

Manfred konnte meine Gedankengänge nachvollziehen und begreifen, weshalb die Konflikte mit seiner Tochter entstanden waren. Er erkannte, dass es Defizite in seiner eigenen Kindheit gegeben hatte. Dass seine Eltern ihm immer wieder die Überzeugung vermittelten: »Wir haben das schon so oft geschafft, wir schaffen das wieder.« Und dass ihn das damals soweit entlastet hatte, dass er keinen Schaden genommen hat. Zwar wurde sein Grundbedürfnis nach Sicherheit nicht erfüllt, es wurde aber durch die stabilisierende Wirkung der Fußballvereine und später der Polizei kompensiert.

Durch unsere Gespräche hat sich im Laufe der Zeit die Beziehung zu seiner Tochter deutlich verbessert. Manfred hat ihr nicht mehr seine ursprüngliche Überzeugung vermittelt, dass eine belastende Schulsituation durch ein schlichtes »wir schaffen das« zu bewältigen ist. Und er hat Leonie nicht länger geraten, auf Freunde zu verzichten.

Stattdessen hat er sich mehr Zeit für sie genommen. Hat ihr intensiver zugehört, interessiert nachgefragt, konnte schließlich selbst die Einsamkeit und Unsicherheit von Leonie mitfühlen. Und stellte fest, dass er dabei gemeinsam mit seiner Tochter traurig wurde. Genau dies, die gemeinsame Traurigkeit, hat der Tochter wiederum ein intensiveres Gefühl von Sicherheit gegeben. Sie konnte spüren, dass ihr Vater ihre Gefühle verstehen kann. Dass ihre Gefühle nicht falsch sind. Sie hatte dadurch die Sicherheit gewonnen, mit all ihren emotionalen Bedürfnissen zu ihrem Vater gehen zu können. Die beiden haben seither eine deutlich engere emotionale Bindung.

Das Beispiel von Manfred und seiner Tochter ist aus meiner Sicht hervorragend geeignet, um die Bedeutung der emotionalen »Sollbruchstellen« zu erfassen. Ich denke, es ist unstrittig, dass die Erfüllung von emotionalen Grundbedürfnissen unabdingbar für eine gute Erziehung unserer Kinder ist. Um diese jedoch zu erkennen und den Kindern das geben zu können, was sie brauchen, ist es notwendig, sich mit seiner eigenen Biografie auseinanderzusetzen. Und dabei vor allem mit den erlebten Defiziten.

Diese Defizite resultieren daraus, dass unsere emotionalen Grundbedürfnisse von unseren Eltern vielfach nicht erfüllt worden sind. Jeder Erwachsene braucht jedoch eine sichere Basis. Braucht das Bewusstsein, dass er oder sie sich jederzeit mit jedem Problem an wichtige Bezugspersonen wenden kann. Dass er oder sie dafür nicht ausgelacht wird, nicht bestraft, sondern ernst genommen wird. Erst das ermöglicht es, jene emotionalen Fähigkeiten zu entwickeln, die einen zu einem guten Elternteil machen, das ein offenes Ohr für die eigenen Kinder hat.

Als Psychiater und Psychotherapeut bin ich nicht selten mit noch viel dramatischeren Biografien konfrontiert als der von Manfred. Solche Lebensgeschichten machen mir immer wieder deutlich, welch großen Einfluss traumatische Erfahrungen in der Kindheit auf das Leben als Erwachsener und die Fähigkeit zur Kindererziehung haben. Aber ich mache auch die Erfahrung, dass selbst schwierigste emotionale Situationen mit der richtigen Unterstützung aufgelöst werden können – und jeder Mensch trotz einer problematischen eigenen Biografie eine gute Mutter oder ein guter Vater sein kann.

Nicht gewollt und unzulänglich. Der Fall von Petra

Ein Beispiel dafür aus meiner Praxis sind die Probleme von Petra. Die damals 36-Jährige arbeitete als Biologin in der Grundlagenforschung an einer Universität. Sie war erfolgreich auf ihrem Gebiet und hatte bereits Wissenschaftspreise gewonnen. Außerdem war sie alleinerziehende Mutter eines vierjährigen Sohnes. Zum Vater bestand guter Kontakt, mit ihm wechselte sie sich wochenweise in der Betreuung ab.

Ein Kollege hatte sie von seiner Praxis an meine Berliner Tagesklinik überwiesen. Mit der Diagnose einer Borderline-Persönlichkeitsstörung. Die Betroffenen sind bei dieser Erkrankung emotional instabil und impulsiv. Sie können innere gefühlsmäßige Zustände nicht kontrollieren, die daraus resultierenden Spannungen empfinden sie als unerträglich. So war es auch oftmals bei Petra. Außerdem hatte sie – was oft mit dem Borderline-Syndrom einhergeht – längere depressive Episoden, für die sie ein Medikament einnahm.

In den Wochen, in denen sie für ihren Sohn verantwortlich war, war sie lange Zeit halbwegs stabil. Ihrem Sohn fehlte es an nichts. Mit Beginn der Corona-Pandemie war es ihr dann aber nicht mehr möglich, mit auf den Spielplatz zu gehen. Sie hatte massive Angst vor einer Ansteckung. Das führte zu Konflikten mit ihrem Sohn.

Mit dieser Situation konnte sie nicht umgehen. Ihre Angst vor einer Ansteckung ging einher mit dem Gefühl, den Bedürfnissen ihres Kindes nicht gerecht werden zu können. Das löste in ihr sehr starke Emotionen aus, die sie kaum aushalten konnte. Sie wusste nicht anders damit umzugehen, als sich an vielen Abenden zu betrinken und sich regelmäßig durch One-Night-Stands mit fremden Männern abzulenken. Petra war klar, dass ihr Verhalten gefährlich war, dass sie dadurch ihre Rolle als Mutter nicht mehr gut wahrnehmen konnte und ihre Karriere als Wissenschaftlerin gefährdete. Daher entschied sie sich, zu mir in die Tagesklinik zu kommen.

Bei den therapeutischen Gesprächen zu ihrer Biografie stellte sich heraus, dass sie in einer sehr dysfunktionalen Familie aufgewachsen war. Sie wurde schon in frühester Kindheit immer wieder geschlagen, auch später gehörten körperliche Strafen zu ihrem Alltag. Sowohl ihre Mutter als auch ihr Vater waren Alkoholiker. Beide waren unvorhersehbar schwankend in ihren Emotionen gegenüber Petra. Mal sehr aggressiv, dann auch wieder ausgesprochen nett, wobei sie ihre Tochter mit Geschenken überhäuften.

Petra wusste nie, woran sie mit ihren Eltern war. In ähnlichen Situationen verhielten sich die Eltern völlig unvorhersehbar. Als Beispiel dafür erzählte sie mir von dieser Erinnerung: Einmal kam sie als kleines Mädchen im Sommer zu spät nach Hause, sie hatte mit Freundinnen Verstecken gespielt und darüber die Zeit vergessen; ohnehin hatte sie damals keine Uhr. Es war zwar noch hell, aber ihr war klar, dass sie spät dran war.

Zu Hause angekommen, schlug ihr Vater sie und schickte sie auf ihr Zimmer. Sie verstand nicht, wieso er derart ausrastete. Voller Angst saß sie auf ihrem Zimmer.

Sie achtete danach sehr darauf, nicht mehr so spät nach Hause zu kommen. Aber einige Wochen später passierte es ihr erneut. Natürlich erwartete sie das Schlimmste. Wie so häufig waren ihre Eltern angetrunken, aber diesmal schlossen sie ihre Tochter freudig in die Arme. Sagten ihr, dass sie sich viele Sorgen gemacht hätten. Und dass sie bitte nicht weglaufen solle.

Es gab in Petras Biografie noch andere Schwierigkeiten. Aber allein dieses Beispiel verdeutlicht, dass eine solche elterliche »Erziehung« maximale Unsicherheit für ein Kind mit sich bringt. Weil sie häufig geschlagen wurde und ihre Eltern ihr das Gefühl gaben, ungewollt und ungeliebt zu sein, fühlte sie sich einsam und ängstlich. Und sie zog aus dem Verhalten ihrer Eltern den Schluss, dass sie nichts wert sei als Mensch. Den damit verbundenen Gefühlen begegnete sie, indem sie sich von ihren Eltern zurückzog. Sie war häufig allein in ihrem Zimmer, spielte dort und verhielt sich ansonsten möglichst angepasst, um nicht den Unmut der Eltern zu erregen.

Auch als junge Frau begleiteten sie die Gefühle der Einsamkeit, der Unzulänglichkeit und der Angst. Petra begann schon früh damit, sich diesen Emotionen durch den Konsum von Alkohol und Drogen zu entziehen. Und sie ritzte sich hin und wieder, ein typisches Symptom des Borderline-Syndroms. Damit versucht derjenige übermäßige Emotionen zu kontrollieren, emotionale Schmerzen weniger zu spüren.

Im Rahmen der Psychotherapie brachte ich Petra nach und nach nahe, wie sich ihre Modi, also ihre Persönlichkeitszustände mit den dazugehörigen Verhaltensweisen, auf ihr

Leben ausgewirkt hatten. Wir sprachen zunächst über den Modus der »unerbittlichen Stimme«, also über ihre Grundüberzeugung der eigenen Unzulänglichkeiten und des Nichtgewolltseins. Ein anderer Bereich, über den wir sprachen, waren ihre starken Angstgefühle, das Gefühl der Einsamkeit, des Nicht-Dazugehörens. Zusammengefasst beschreibt dieser Zustand das »unversorgte Kind«.

Eine weitere Verhaltensweise von Petra lässt sich als »rettendes Korsett« beschreiben, als Bewältigungsmodus: ihre Überlebensstrategie, also der Rückzug, zusammen mit dem Konsum von Alkohol, Drogen und Sex. Ohne dieses Korsett wäre es Petra zum damaligen Zeitpunkt nicht möglich gewesen, ihre starken Emotionen auszuhalten.

Darüber hinaus besprachen wir schließlich den Modus des »gesunden Erwachsenen«. Auch dieser Modus war bei Petra vorhanden: Sie hatte ihr Studium abgeschlossen, war als Wissenschaftlerin erfolgreich, konnte sich zeitweise gut um ihren Sohn kümmern, Freundschaften lange stabil aufrechterhalten – und vor allem erkannte sie ihre Situation und holte sich Hilfe.

Mit dieser Aufteilung der Lebenssituation von Petra in die vier Modi gelang es uns, strukturiert über Vorgänge in der Vergangenheit und in der heutigen Zeit zu sprechen – und zu erkennen, welchen Einfluss das Vergangene auf Petras derzeitiges Leben hat. Auf diese Weise wurden viele Dinge nachvollziehbar für Petra. Sie konnte beispielsweise erkennen, dass sie einiges Gutes für ihren Sohn tun konnte. Aber auch begreifen, was sie als Kind vermisst hatte – und was bei ihr zu großer Traurigkeit geführt hat.

Wir haben dann im Rahmen der Psychotherapie mehrere Techniken angewendet, um Emotionen zu aktivieren, darunter wieder den Stuhldialog. Im Fall von Petra gab es einen Stuhl für ihr rettendes Korsett.

Petra hat sich auf diesen Stuhl gesetzt und sich ganz in die Rolle des rettenden Korsetts begeben. So konnte sie erfahren, wie wichtig es für sie gewesen ist. Sie konnte es sogar wertschätzen – und daher auch wohlwollender mit den negativen Begleiterscheinungen des Korsetts umgehen. Im weiteren Verlauf haben wir dann auch für andere Persönlichkeitszustände Stühle aufgestellt.

Später im Buch werden Sie einige dieser Techniken noch näher kennenlernen. Grundlegend hat die Therapie die Funktion, alte Wunden zu verschließen, das »innere Kind« zu heilen oder auch »nachzuversorgen«, wie es in der Fachsprache heißt. Das hat bei Petra dazu geführt, dass sie nicht mehr so oft in negative emotionale Zustände geriet – und wenn doch, so empfand sie diese nicht mehr so intensiv. Ihr gelang es auch weiterhin, sich gut um ihren Sohn zu kümmern. Und sie konnte trotz der anhaltenden Pandemie auch wieder Spielplätze besuchen und gemeinsam mit ihrem Sohn schaukeln.

Dass Sicherheit eines der wesentlichen emotionalen Grundbedürfnisse ist, steht außer Frage. Ein jeder vermag das wohl nachzuvollziehen. Können Eltern ihren Kindern keine ausreichende emotionale Sicherheit bieten, erhöht sich massiv die Wahrscheinlichkeit einer psychischen Erkrankung. Aber auch bei jenen Menschen, die davon ausgehen, dass sie mit genügend Sicherheit aufgewachsen sind, kann es sein, dass in der Rolle als Mutter oder Vater manchmal eigene blinde Flecken deutlich werden. Das hatte sich im Fall von Manfred gezeigt.

Auch die anderen Grundbedürfnisse werden Sie in diesem Buch kennenlernen. Aber schon an diesem Punkt kann es sinnvoll sein, sich einmal mit den eigenen emotionalen

Grundbedürfnissen auseinanderzusetzen, Kontakt zu den kindlichen Anteilen in uns aufzunehmen. Denn wir alle haben unsere »Sollbruchstellen«.

Ich selbst kann das von mir sagen, aus der Selbsterfahrung heraus und aus Erfahrungen während der Supervision, also der Beratung durch Kollegen, die der Reflexion des eigenen Handelns als Therapeuten dient. Wir alle haben ein »unversorgtes Kind« in uns. Und wir alle kennen Situationen, in denen wir emotional stärker reagieren, als es der Situation angemessen wäre.

Übung zum »unversorgten Kind«

Um zu diesem Anteil intensiven Kontakt zu bekommen, Kontakt zu Ihrem »unversorgten Kind«, möchte ich Ihnen abermals eine Übung nahebringen. Holen Sie dafür gerne nochmal das Foto von sich hervor, das Sie schon für die Übung in Kapitel 3 verwendet haben.

Schauen Sie sich das Foto mit dem kleinen Mädchen oder dem kleinen Jungen genau an. Nehmen Sie sich dann mindestens eine halbe, besser eine dreiviertel bis ganze Stunde Zeit. Ich weiß, dass das schwierig sein kann, gerade wenn man selbst kleinere Kinder hat. Aber betrachten Sie diese Zeit als eine Investition. Und vielleicht auch schon als eine erste kleine Übung, sich auch einmal um die eigenen Bedürfnisse zu kümmern. Das dient nicht nur Ihnen, vielmehr sind Sie damit auch besser in der Lage, fürsorglich für andere da zu sein.

Holen Sie sich dann einen Schreibblock und einen Stift (Sie können auch ein digitales Gerät für Notizen nutzen, es sollte aber für die Dauer der Übung im Flugmodus sein, damit Sie nicht abgelenkt werden). Machen Sie sich, wenn Sie mögen, eine Tasse Tee und setzen Sie sich an einen schönen Ort. Vielleicht mit einer weichen Decke, vielleicht ziehen Sie auch die Beine etwas an. Die Haltung sollte Geborgenheit bieten und nach innen gewandt sein, nicht der Außenwelt zugewandt. Gehen Sie aber nicht so sehr in eine »Embryohaltung«, dass Sie sich völlig in Ihren Gefühlen verlieren. Dann stellen Sie sich einen Wecker auf die Zeit, die Sie sich für diese Übung nehmen wollen.

Atmen Sie bewusst einige Male tief durch. Lassen Sie gedanklich den Alltag vor der Tür, gönnen Sie sich die Zeit für sich. Nun wenden Sie sich dem Foto zu und betrachten Sie das Kind darauf genau. Stellen Sie sich vor, dass Sie einer anderen Person von dem Kind auf diesem Bild erzählen, vor allem auch von seinen Bedürfnissen. Beginnen Sie damit zu berichten, wo Sie sich damals befunden haben, wo das kleine Mädchen beziehungsweise der kleine Junge gelebt hat.

Fragen Sie das Kind, so als wären Sie gerade dabei: »Mit wem hast du zusammengelebt?«, »Was hast du gerne gemacht?«, »Was machst du gerade?«, »Wer hat dich fotografiert?«, »Wer ist noch da?«, »Magst du mir erzählen, was dir gefällt?«, »Welche Hobbys hast du?«, »Wie heißen deine Freunde?«, »Hast du Haustiere? Wenn ja, welche? Wenn nein, warum nicht?«, »Ich möchte auch wissen was dir Sorgen macht, wovor du Angst hast und was du brauchst.« Sie können auch noch weitere Fragen stellen, die Ihnen wichtig sind, die Ihnen gerade in den Sinn kommen.

Versuchen Sie, gedanklich tief in die Situation einzutauchen. Es geht in dieser Übung nicht darum, was möglich gewesen wäre. Es geht nur um Ihre damaligen Bedürfnisse und wie Sie sich in der jeweiligen Situation gefühlt haben. Ihre Gefühle sind auf jeden Fall richtig. Merken Sie sich, welche

Emotionen, welche Bedürfnisse für Sie wichtig sind. Und wenn diese ganz klar vor Ihren Augen stehen, dann verabschieden Sie sich von dem Kind. Sie könnten zum Beispiel sagen: »Es war schön, dich mal wieder zu treffen, dich zu sehen. Ich weiß, dass es dich gibt, dass du da bist!«

Wenn Ihnen bei der Übung starke Gefühle bewusst werden, die darauf hinweisen, dass Ihre Bedürfnisse nicht ausreichend befriedigt wurden, dann können Sie sagen: »Danke, dass du mich daran erinnert und mir das bewusst gemacht hast! Ich als erwachsene Person kümmere mich um uns. Jetzt muss ich zurück in meinen Alltag – aber ich werde dafür sorgen, dass du deine Bedürfnisse erfüllt bekommst!«

Verlassen Sie dann die Erinnerung und kommen Sie zurück in die Gegenwart. Atmen Sie erneut ein paarmal tief in den Bauch und nehmen Sie bewusst das Hier und Jetzt wahr. Das Zimmer, in dem Sie sich befinden, den Tee, den Sie gerade trinken, oder auch die Geräusche aus der Umgebung. Spüren Sie die Emotionen aus den inneren Bildern noch immer? Dann nehmen Sie sich Ihren Block und schreiben Sie Ihre Erfahrungen auf. Welche Gefühle waren da, welche Bedürfnisse wurden in diesen Bildern aus der Kindheit nicht gut befriedigt? Was hätte das Kind gebraucht?

Falls Sie merken, dass Sie in dem Bild »festhängen«, vielleicht von Emotionen überwältigt sind, könnten Sie die in Kapitel 2 beschriebene »Lego-Technik« anwenden, um aus diesem Gefühlszustand herauszukommen. Wenn Sie dann wieder die Kontrolle über Ihre Gefühle haben, schreiben Sie Ihre Erfahrungen weiter auf. Sie dürfen natürlich auch Ihren »Superhelden« zu Hilfe holen.

Wenn die Zeit vorbei ist – oder auch, wenn Sie früher das Gefühl haben, mit der Übung fertig zu sein –, belohnen Sie sich dafür, dass Sie sich Ihrem Innersten zugewendet haben. Seien Sie stolz auf sich, auch wenn es vielleicht nicht sofort funktioniert hat. All diese Übungen brauchen Zeit und sollten, wie der Name schon sagt, immer mal wieder geübt werden.

4.2. Das Bedürfnis nach Autonomie

Ein weiteres wichtiges Grundbedürfnis ist das nach Autonomie. Unsere Aufgabe als Erwachsene ist es, unsere Kinder in die Lage zu versetzen, ihre Welt eigenständig zu entdecken. Das bedeutet nicht, sie abrupt loszulassen oder sie gar allein zu lassen. Es geht vielmehr darum, sie behutsam und altersgerecht daran heranzuführen, ihre eigenen Erfahrungen zu machen.

Dabei sollten wir ihnen nicht alle Hindernisse aus dem Weg räumen, denn auch das Stolpern und Wiederaufstehen ist wichtig für die Entwicklung eines starken Selbstwertgefühls. Ein starkes Selbstwertgefühl heißt in etwa, eine positive Einstellung der eigenen Person gegenüber zu haben.

Ebenso wichtig sind die Widrigkeiten, die man selbst überwunden hat, für die Erfahrung von Selbstwirksamkeit. Also für das Vertrauen darauf, bestimmten Herausforderungen gerecht zu werden, sie durch eigenes Handeln bewältigen zu können. Für die Entwicklung der Kreativität sind Hindernisse ebenfalls hilfreich: Wenn Probleme vor uns auftauchen, müssen wir hellwach sein, uns Lösungen einfallen lassen, eben kreativ sein.

Zugegeben, für viele Eltern ist es nicht einfach, dem Bedürfnis ihrer Kinder nach Autonomie nachzukommen. Denn natürlich ist das Entdeckerverhalten eines Kindes – in der Fachsprache Explorationsverhalten genannt – mit Risiken verbunden. Man denke nur daran, wie man sich als Vater oder Mutter fühlt, wenn der Fünfjährige unbedingt einmal allein im Wald herumstromern will.

Selbstverständlich möchten wir als Eltern nicht, dass unsere kleinen Kinder sich wehtun. Und wenn sie älter sind, haben wir ebenfalls Angst, dass ihnen etwas zustößt. Etwa wenn sie das erste Mal allein bei Freunden übernachten oder das erste Mal in einen Club gehen. Wir möchten nicht, dass sie im Jugendalter in die falschen Kreise oder an die falschen Freunde geraten. Sondern bestenfalls, dass sie immer pünktlich nach Hause kommen, keinen Kontakt zu Drogen bekommen und auf all unsere elterlichen Ratschläge hören.

Wir stellen also fest: Das Autonomiebedürfnis des Kindes konkurriert ganz unmittelbar mit unserem eigenen Grundbedürfnis nach Sicherheit. Die unterschiedlichen Bedürfnisse gut auszubalancieren ist für Eltern zugegebenermaßen nicht einfach. Zumal auch Kinder sehr unterschiedlich sind, oft selbst Geschwister.

Viele Eltern haben es sicherlich schon erlebt, dass sie spät am Abend angerufen wurden, weil sich das Kind bei der Übernachtungsparty doch nicht so wohlgefühlt hat und plötzlich nach Hause wollte. In so einem Fall gilt es, wohlwollend zu reagieren und nicht etwa darauf zu drängen, das ursprüngliche Vorhaben unbedingt durchzuziehen. Gleichzeitig ist es wichtig, das Kind zu motivieren, auch weiterhin neue Erfahrungen zu machen, aber vielleicht erst einmal auf einem anderen Gebiet.

Dann gibt es in manchen Familien das Geschwisterkind, das ein ganz anderes Temperament hat und ein stark ausgeprägtes Explorationsverhalten an den Tag legt. Das wenig Angst vor dem Straßenverkehr hat, wenn es mit dem Fahrrad unterwegs ist. Das wenig Angst davor hat, in großer Höhe auf einer Mauer zu balancieren. Das vielleicht sogar zu vertrauensselig auf völlig fremde Menschen zugeht.

Dann ist es unsere Aufgabe, das Kind zu bremsen, ihm Grenzen aufzuzeigen. Und vor allem zu erklären, weshalb es diese Grenzen gibt. Die Auffassung, »das wird sich schon von alleine regeln«, die einige Erwachsene haben, ist aus meiner Perspektive gefährlich. Denn manche Kinder benötigen grundsätzlich mehr und engere Grenzen als andere – andernfalls ließen wir sie sehenden Auges »vors Auto laufen«.

Wenn wir als Eltern feststellen, dass ein Kind eher vorsichtig, zurückhaltend, vielleicht sogar ängstlich ist und das andere eher unvorsichtig, stürmisch und impulsiv, so sollten wir beide Kinder demnach nicht gleich erziehen. Andernfalls würden wir unserer Erziehungsaufgabe nicht gerecht werden. Jedes Kind ist ein Individuum und hat sein eigenes Temperament – daher sollte es von uns auch individuell gesehen und behandelt werden.

Wenn das Autonomiebestreben eines Kindes im frühen Lebensalter nicht genügend von den Eltern unterstützt wird, so können sich die Folgen durch das spätere Leben ziehen – und letztlich auch die Erziehung der Kindeskinder beeinträchtigen.

Sicherheit statt Autonomie. Der Fall von Katrin und Stefan

Was ich damit meine, möchte ich am Beispiel der Familie von Katrin und Stefan verdeutlichen. Die beiden sind vor einiger Zeit 40 Jahre alt geworden und sie haben drei Kinder. Mich hatten sie für eine Beratung aufgesucht. Sie hatten festgestellt, dass sie enorme Schwierigkeiten haben, Entscheidungen in Bezug auf ihre Kinder zu treffen. Es war nicht etwa so, dass sie sich ständig stritten, sie waren vielmehr oftmals nicht in der Lage, überhaupt etwas zu entscheiden.

Auf den ersten Blick hatte ich es mit einer recht gewöhnlichen Familienkonstellation zu tun: Stefan war Angestellter im Handwerksbetrieb seiner Eltern, Katrin kümmerte sich als

Hausfrau um die Kinder. Als ihr mittlerer Sohn auf die weiterführende Schule sollte, konnten die beiden keine Entscheidung treffen, welche Schule das sein sollte.

Die älteste Tochter besuchte das Gymnasium, so wie auch ihre Freundinnen. Der mittlere Sohn zeigte in der Grundschule jedoch nicht so gute Leistungen wie seine Schwester. So war es weder für die Eltern noch für ihren Sohn eindeutig, in welche Richtung er sich orientieren sollte: Gymnasium oder Gesamtschule. Eine Entscheidungshilfe boten auch die Freunde des Sohnes nicht, einige gingen aufs Gymnasium, andere auf die Gesamtschule. Die Eltern befürchteten nun, dass eine falsche Entscheidung lebenslang negative Folgen für ihren Sohn haben könnte.

Dass das Paar Schwierigkeiten hatte, Entscheidungen zu treffen, belastete ihre Beziehung und damit auch die Familie. Das wurde in den Sitzungen bei mir schnell offensichtlich. Und auch, dass sie befürchteten, ihren Sohn auf seinem weiteren Schulweg nicht bestmöglich unterstützen zu können. Sie sorgten sich, ob ihr Sohn den Anforderungen gerecht werden würde, ob sie ihm bei den Hausaufgaben helfen sollten oder nicht, ob sie die richtige Wahl von Schwerpunktfächern treffen würden.

Ich habe zunächst versucht herauszufinden, wie in ihren Herkunftsfamilien früher mit Entscheidungen umgegangen worden ist. Dabei wurde schnell offensichtlich, dass die beiden in ihrer Kindheit und Jugend keine wesentlichen Entscheidungen selbst treffen mussten – und dies auch nicht erlernt hatten, weil immer die Eltern für sie entschieden hatten.

Stefan war das jüngste von vier Kindern. In seiner Kindheit und auch in seiner Jugend hatten ihn die Eltern sehr verwöhnt und ihm viele Aufgaben einfach abgenommen. Manchmal waren es Kleinigkeiten wie ein »Ach, lass mal, das kann ich machen« von seiner Mutter, als er den Tisch abräumen wollte. Wenn er sich selbst Aufgaben suchte, wurden ihm auch diese abgenommen. Es sei nicht nötig, dass er im Haushalt half, da am nächsten Tag ohnehin die Haushaltshilfe kommen würde, bekam er zu hören.

Wenn Geschenke verpackt werden sollten, übernahmen das die älteren Geschwister, da diese nach Ansicht der Eltern schneller und ordentlicher arbeiteten als Stefan. Die Einschränkung der kindlichen Autonomie ging noch weiter. Stefan erinnerte sich an eine Situation, in der seine Mutter sagte: »Soll ich dir das Bild für den Kunstunterricht malen? Ich weiß ja, dass dir das nicht so liegt.« In den wenigen Fällen, in denen Stefan tatsächlich einmal etwas erledigen sollte, achtete am Ende niemand darauf, ob er es auch tatsächlich tat.

Was die Schulwahl und Berufswahl betraf, so war sein Werdegang vorbestimmt. Für seine Eltern war klar, dass er die Mittlere Reife machen sollte, um im Anschluss eine Lehre im elterlichen Schreinerbetrieb zu absolvieren. Stefan hatte das klaglos hingenommen und schließlich als Geselle im Betrieb seiner Eltern gearbeitet. Für ihn als Kind und jungen Mann wurde fast alles im Leben entschieden – und so war Stefan als Erwachsener kaum in der Lage, Entscheidungen für seinen Sohn zu treffen.

Katrin stammte aus demselben kleinen Ort wie Stefan. Auch ihre Kindheit und Jugend war geprägt von der ländlichen Idylle und einem eher konservativen und katholisch geprägten Elternhaus. Sie war die einzige Tochter des Juweliers im Ort und auch ihr wurden von Kindheit an viele Aufgaben abgenommen. Ihre Eltern kümmerten sich um die Organisation ihrer Schullaufbahn und sorgten für ihre finanzielle Sicherheit.

Sowohl Katrin als auch Stefan beschrieben ihre Eltern als liebevoll und unterstützend. Deren traditionell religiöse Einstellung hatten sie übernommen, das war für sie ganz selbstverständlich. Nur ab und zu keimte in ihnen das Gefühl auf, übermäßig kontrolliert zu werden. So erzählten sie mir, dass auch ihre Urlaube von den Eltern nicht nur finanziert, sondern auch geplant wurden. Einerseits waren sie dankbar dafür, andererseits waren sie mit den Urlaubszielen nicht immer einverstanden. So wären die beiden gerne auf die Kanaren geflogen, doch die Eltern meinten, dass seien uninteressante Vulkaninseln. Sie sollten lieber nach Mallorca reisen, dort gebe es schöne Geschäfte und Restaurants.

Wir konnten in unseren Sitzungen dann schnell herausarbeiten, dass beide nicht ausreichend von den Eltern bestärkt wurden, eigene Kompetenzen zu entwickeln und eigenständig Entscheidungen zu treffen. Sie hatten beispielsweise nie die Erfahrung gemacht, wie hilfreich und unterstützend es ist, wenn die Eltern einen bestärken, anfeuern oder mitfiebern. Sei es im frühen Lebensalter beim Klettern auf dem Spielplatz oder im Jugendalter beim Versuch, ein Hemd ordentlich zu bügeln, oder bei der eigenständigen Organisation eines Wochenendausflugs. Also in Situationen, in denen man als Kind entdeckt, dass man bestimmte Dinge selbst bewältigen kann.

Zwar hatten sowohl Katrin als auch Stefan erfolgreich ihre Schulausbildung abgeschlossen, aber sie hatten von ihren Eltern kaum Rückmeldung darüber erhalten, was gut gelaufen war und was mit etwas Unterstützung hätte besser laufen können. Beiden fehlten Signale ihrer wichtigsten Bezugspersonen, ob das, was sie taten und erlebten, in den Augen ihrer Eltern richtig war.

Katrin und Stefan erkannten schließlich, dass ihre eigenen Biografien erheblich dazu beitrugen, dass sie nicht in der Lage waren, ihren Sohn bei der Schulentscheidung sinnvoll zu unterstützen. Ihnen wurde klar, dass sie selbst noch lernen mussten, autonome Entscheidungen zu treffen. Ich habe dann tatsächlich mit ihnen einen nächsten gemeinsamen Urlaub geplant, den sie gegenüber ihren Eltern durchsetzen sollten. Und das haben sie auch getan.

In zwei weiteren Sitzungen haben das Paar, ihr Sohn und ich Pro- und Kontra-Listen für die Schulwahl aufgestellt. Wir haben gemeinsam überlegt, welche Konsequenzen die jeweilige Entscheidung haben könnte. Wir haben auch darüber gesprochen, dass es gerade in jungen Jahren wichtig ist, Dinge einfach einmal auszuprobieren, selbst wenn man nicht weiß, wohin sie führen. Dass dabei selbstverständlich auch etwas schiefgehen kann, was aber auch wertvolle Erfahrungen bedeuten kann. Dass Entscheidungen nicht in Stein gemeißelt sind, dass man sie an neue Gegebenheiten anpassen kann. Und wie es ist, mit Enttäuschungen umzugehen.

Die Eltern und ihr Sohn haben schließlich das Für und Wider der unterschiedlichen Schulsysteme abgewogen. Am Ende kamen sie zu einer Entscheidung, die auch die Wünsche und Vorstellungen ihres Sohnes miteinbezog: Er sollte die Gesamtschule besuchen. Es war, wie sich später herausstellte, die richtige Entscheidung.

Die Schule legte einen Schwerpunkt auf handwerkliches Arbeiten, was dem Sohn sehr entgegenkam. Durch Schulprojekte und eigenständige Hausarbeiten konnte er zahlreiche Fertigkeiten entwickeln. Im Betrieb des Vaters durfte er dann nach einer kurzen Einweisung auch Maschinen eigenständig benutzen. Und er durfte dabei Fehler machen, ohne dass sein

Vater ihm die Dinge aus der Hand nahm. Auch wenn er sich verletzte, nahm ihm niemand die Aufgabe ab, es gab ein Pflaster und tröstende Worte – und dann galt es weiterzumachen. Nach und nach gewann der Sohn mehr Selbstvertrauen und stellte fest, dass er ganz eigenständig etwas erreichen kann. Kurz gesagt: Er konnte ein Stück weit seine Autonomie entwickeln.

An diesem Fall wird deutlich, wie wichtig es ist, dem Grundbedürfnis nach Autonomie und Kompetenzerwerb zu folgen. Also zuzulassen, dass die eigenen Kinder Fehler machen, und sie dabei zu unterstützen, aus diesen Fehlern zu lernen. Auch wenn das mitunter mit unserem eigenen Bedürfnis nach Sicherheit kollidiert.

Sicher, das Leben ist voller Risiken, aber auch voller interessanter Facetten, die es zu entdecken gilt. Wenn wir Eltern aufgrund unseres eigenen Sicherheitsbedürfnisses unsere Kinder nicht darin unterstützen, ihre eigenen Wege zu gehen, lassen wir ein wichtiges Bedürfnis unserer Kinder außer Acht: das Bedürfnis nach Autonomie.

Jeder Mensch strebt nach Autonomie – von den ersten Laufversuchen, die auch mal mit einer Beule enden, über den Wunsch eines Jugendlichen, ein Jahr im Ausland zu verbringen, um die Welt kennenzulernen, bis hin zum Streben von Erwachsenen, selbst über Urlaubsreisen zu entscheiden. Ich rede hier nicht von Leichtfertigkeit im Umgang mit Kindern. Aber zu viel an Schutz ist oftmals nur die Illusion von Schutz, weil sie die Fähigkeit beschränkt, mit schwierigen Situationen selbst fertig zu werden. Und eine hundertprozentige Sicherheit ist eine Illusion, denn die gibt es nicht. Ein wesentlicher Punkt einer zugewandten Erziehung ist also eine gute Ausbalancierung der verschiedenen Grundbedürfnisse.

Ich kann nichts! Der Fall von Leon

An dieser Stelle möchte ich noch ein weiteres Beispiel aus meiner Praxis anführen, weil es besonders gut das Grundproblem illustriert. Es geht diesmal um den 23-jährigen Leon. Er war seit einiger Zeit für ein Jurastudium eingeschrieben, dachte aber nicht daran, dafür auch zu lernen. Stattdessen verbrachte er die meiste Zeit damit, in seiner kleinen, von den Eltern finanzierten Studentenbude zu hocken, zu kiffen und stundenlang am Computer zu spielen. Da er mit dem Studium nicht vorankam, kam die Vermutung auf, dass er unter einer Depression leiden könnte. Daher hatte er mich aufgesucht.

Zunächst habe ich ihn motiviert, den Cannabiskonsum zu reduzieren. Zumindest so weit, dass therapeutische Gespräche ihn überhaupt erreichen konnten. Ich habe ihm gesagt, dass eine Therapie nur sinnvoll ist, wenn er nüchtern in die Therapie kommt. Nach und nach haben wir das erweitert: nicht am Abend vor der Therapie kiffen, nicht am Tag vor der Therapie kiffen.

Er erzählte mir, wie er aufgewachsen ist. Seine Eltern, so stellte sich heraus, sind beide Juristen und waren in der Erziehung sehr streng. Er selbst war ein enorm lebhaftes, aber auch desorganisiertes Kind gewesen. Da es seinen Eltern sehr wichtig war, dass er gute Schulnoten nach Hause brachte, um Jura studieren zu können, wurde er zu Hause von vielen Aufgaben befreit.

Dennoch waren seine Eltern mit seinen schulischen Leistungen nicht zufrieden. Das führte dazu, dass sie seine Referate und Hausaufgaben in einem Maße kritisierten und auch korrigierten, dass Leon den Eindruck hatte, selbst nichts zu können. Manchmal nahmen die Eltern ihm die Arbeit auch vollständig ab, schrieben Hausarbeiten und Referate für ihn.

Leon verinnerlichte den Gedanken: »Ich kann nichts.« Seine innere Stimme vermittelte ihm den Eindruck, dass er ja ohnehin nichts richtig machen könne. Selbst wenn er sich anstrengen würde. Das führte zu regelrechten Angstzuständen. Leon fürchtete sich, von zu Hause wegzugehen, er fürchtete sich davor, in die Uni zu gehen und Vorlesungen zu besuchen, ja, er fürchtete sich sogar davor, sich mit Kommilitonen zu treffen. Diese Ängste fesselten ihn derart, dass er die Wohnung nicht mehr verließ und sich mit Cannabis und Computerspielen beruhigte.

Auch für Leon war die Methode der Schematherapie hilfreich: Ich vermittelte ihm, dass es seine innere »unerbittliche Stimme« war, die ihn mit Annahmen wie »Du machst alles falsch« und »Du kannst es einfach nicht richtig machen« in die jetzige Situation getrieben hatte. Sein Gefühl der Angst, so konnte er schließlich nachvollziehen, entstand, weil er sich im Persönlichkeitszustand des »unversorgten Kindes« befand, er unerfüllte Bedürfnisse verspürte. Leon konnte zwar die Intention seiner Eltern nachvollziehen, dass er zu einem erfolgreichen Anwalt werden sollte, sah aber auch deutlich die Probleme, die dadurch entstanden waren: Seine Eltern konnten keine Fehler akzeptieren und wollten ihn in eine bestimmte Berufslaufbahn drängen.

Das konnte Leon nicht ertragen, doch gleichzeitig wusste er nicht, wie er mit seiner Angst umgehen sollte. Als Konsequenz hat er, wie es auch für viele andere Menschen gilt, ein »rettendes Korsett« für sich entwickelt: Kiffen und Computerspielen sowie das Vermeiden von sozialen Kontakten.

Doch natürlich hatte auch Leon einen gesunden Erwachsenenanteil in sich. Ihm war zumindest klar, dass er ohne professionelle Hilfe aus seinem Dilemma nicht hätte ausbrechen können. Und so kam die Entscheidung zu einer Therapie von ihm und nicht etwa von seinen Eltern. Und mit der Reduzierung des Cannabiskonsums hat er zudem selbst schon einen wesentlichen Beitrag zum Erfolg der Therapie geleistet.

Im weiteren Verlauf kam es dann auch zu einem Familiengespräch, also zu einer Aussprache mit seinen Eltern in meinem Beisein. Wie in den meisten Fällen waren auch hier die Eltern bereit dazu, denn sie wussten um die Situation ihres Sohnes, litten mit ihm mit und fragten sich, was alles falsch gelaufen sei. Daher waren sie auch offen für meine Einschätzung und die Kritik an ihrer Erziehung. Am Ende kam es schließlich zu einer authentischen Versöhnung zwischen Leon und seinen Eltern.

Nach Beendigung der Therapie konnte Leon ganz aufs Kiffen verzichten – und auch die Zeit mit Computerspielen hat er sehr eingeschränkt. Das Jurastudium hat er schließlich abgebrochen und stattdessen ein Lehramtsstudium mit den Fächern Musik und Geschichte begonnen, was viel mehr seinen Interessen entsprach. Inzwischen ist er im Referatsdienst und viel zufriedener mit seinem Leben als zuvor. Und seine Eltern haben ihren Frieden mit den aufgegebenen Juraambitionen gemacht.

Deutlich wird in diesem Fallbeispiel, dass das Bedürfnis nach Autonomie und Kompetenzerwerb essenziell für unsere Kinder ist. Es ist die Basis dafür, dass wir in unserem Leben Selbstwirksamkeit erfahren, und das wiederum ist zentral für ein positives Selbstwertgefühl.

4.3. Das Bedürfnis nach realistischen Grenzen

Sich realistische Grenzen zu setzen und diese anzuerkennen ist das dritte wichtige Grundbedürfnis, das erfüllt sein muss, damit sich Kinder zu selbstsicheren, gesunden Erwachsenen entwickeln.

Zum einen brauchen Menschen klare Grenzen, um sich nicht selbst zu gefährden und sich nicht in allzu riskante Abenteuer zu stürzen. Zum anderen ist es im Umgang mit unseren Mitmenschen wichtig, dass wir unsere eigenen Impulse unterdrücken können, denn nur so können wir uns in ein soziales Gefüge einpassen. Und ohne eine tiefe Verbundenheit mit anderen Menschen wird es uns langfristig nicht gut gehen, können wir nicht gesund bleiben. Der Mensch ist nicht dazu gemacht, ohne Bindung zu anderen Menschen zu leben, sondern braucht ein soziales Umfeld.

Für das Wahren der Grenzen von anderen Menschen ist die Fähigkeit zur Selbstkontrolle maßgeblich. Das heißt: Die eigene Wut zu kontrollieren, Entscheidungen abzuwägen und sich so zu verhalten, dass es den eigenen Zielen dient, aber andere Menschen und die Beziehung zu ihnen nicht schädigt.

Unsere Kinder müssen den Umgang mit schwierigen Situationen, mit Enttäuschungen, mit Fehlern, mit Niederlagen erst lernen. Dazu zählt maßgeblich ein angemessener Umgang mit den eigenen Emotionen. So ist es nicht ungewöhnlich, dass ein kleineres Kinder, nachdem es ein faires Spiel verloren hat, einen intensiven Wutausbruch bekommt. Genauso wichtig ist es, einem Kind beizubringen, dass es eine Reaktion bei seinem Spielkameraden auslöst, wenn es dem beispielsweise ein Spielzeug wegnimmt.

In solchen Momenten sollten wir unserem Kind einerseits vermitteln, dass wir die Traurigkeit verstehen, die sich in der Wut ausdrückt, und ihm helfen, sich zu beruhigen. Andererseits sollten wir ihm auch zu verstehen geben, dass Wut in so einem Fall eine unangemessene Reaktion gegenüber den anderen Kindern ist. Und dem Kind vermitteln, dass ein Wutausbruch die Freude am Spielen nimmt und den Mitspielern zu verstehen gibt, dass es nur um das Gewinnen geht, nicht aber das Miteinander. Es wäre doch sehr schade, wenn unsere Kinder sich nur auf das Gewinnen konzentrieren und die anderen Aspekte gemeinsamen Spielens darüber verloren gehen.

Ich bin der Wichtigste! Der Fall von Tobias

Ich möchte das Grundbedürfnis nach Grenzen wiederum an einem exemplarischen Fall schildern. Tobias war etwa Mitte 40, als er zu mir in die Beratung kam. Beruflich war Tobias etabliert, er hatte promoviert und einige Zeit später das Notariat seines Vaters übernommen. Doch er sah seine Ehe gefährdet. Er wollte aber eine Möglichkeit finden, mit seiner Frau einen stabilen, gemeinsamen Weg einzuschlagen. Vor allem, wie er sagte, weil die beiden ein gemeinsames Kind hätten.

Was also war das Problem? Früher hatte er nur kurze Partnerschaften oder Affären gehabt. Und auch die jetzige Ehe war aus einer solchen Konstellation entstanden. Mir wurde schnell klar, dass es keine gleichberechtigte Beziehung war. Seine Frau war deutlich jünger als er und hatte ursprünglich in seinem Notariat eine Ausbildung zur Justizfachangestellten absolviert. Während einer Weihnachtsfeier hatten sie den ersten sexuellen Kontakt, daraufhin begannen sie eine Beziehung. Tobias hatte damals allerdings noch eine andere Partnerin, von der er sich in der Folgezeit trennte. Schließlich heiratete er seine Angestellte. Aber in der Ehe, so berichtete mir Tobias, ging er immer wieder fremd. Außerdem beschrieb er sich selbst als unzuverlässig: Wenn er etwa ausnahmsweise einmal seine Tochter aus dem Kindergarten abholen sollte, sagte er dies oft kurzfristig ab. Ihm sei beruflich etwas dazwischengekommen, lautete seine Standardausrede.

Er ging wie selbstverständlich davon aus, dass seine Frau, die nicht mehr berufstätig war, dafür zur Verfügung stand. Dass sie dafür mehrfach ihre Physiotherapie absagen musste, die sie für eine Knieverletzung infolge eines Skiunfalls benötigte, war Tobias egal. Er war der Auffassung, dass sich andere Menschen seinen Bedürfnissen unterzuordnen hätten. Er hielt seine Bedürfnisse für wichtiger als die anderer.

Auch wenn Tobias aufgrund dieser Beschreibung als ein selbstbezogener, unsympathischer Mann erscheint, so wirkte er doch im Gespräch ausgesprochen freundlich und angenehm auf mich. Auffällig war jedoch, dass es ihm kaum in den Sinn kam, dass sein Verhalten höchst problematisch war. Er hatte praktisch kein Unrechtsbewusstsein.

Das weckte mein Interesse: Warum war das so? Wir richteten also den Blick auf seine Biografie. Tobias erzählte, dass er als Einzelkind aufgewachsen war. Sein Vater hatte in einer mittelgroßen Stadt eine gutgehende Rechtsanwaltskanzlei und ein Notariat. Seine Mutter war Inhaberin des größten Modehauses der Stadt. Für seine Eltern war Tobias »der kleine Prinz«, jeder Wunsch wurde ihm von den Lippen abgelesen. Das zog sich durch die Kindheit und das Jugendalter, bis in die Zeit als junger Erwachsener. Er musste nicht selbst für sich einstehen, wenn es Probleme gab, seine Eltern räumten ihm alle Hürden aus dem Weg.

Beispielsweise war er als Jugendlicher mehrfach in rechtlich schwierige Situationen geraten, die sein Vater für ihn klärte. Einmal fuhr er angetrunken Auto und rammte dabei ein anderes Fahrzeug. Tobias rief seinen Vater zu Hilfe. Dieser drängte darauf, die Polizei nicht zu informieren und versprach, den Schaden großzügig zu übernehmen. Ein anderes Mal war Tobias mit seinen Freunden in einem Nachtclub und konnte am Ende die enorme Rechnung nicht bezahlen. Auch in dem Fall sprang der Vater ein und zahlte. Tobias hat also nie die Konsequenzen seines Verhaltens zu spüren bekommen.

Ich fragte ihn, welche Ziele er angesichts seiner eigenen Erfahrungen als Kind in der Erziehung seiner Tochter habe. Diese war zum damaligen Zeitpunkt vier Jahre alt. Erziehungsziele konnte Tobias keine benennen. Aber er hatte einen klaren Standpunkt: Sein »Engelchen« konnte keine Fehler machen. Wenn seine Tochter etwa auf dem Spielplatz mit Kindern in Streit geriet, waren es immer die anderen, die daran schuld waren.

Das ging so weit, dass Tobias den Eltern der Spielgefährten seiner Tochter indirekt mit juristischen Konsequenzen drohte, würden sich deren Kinder nicht angemessen verhalten. Er machte Bemerkungen wie: »Da muss dein Papa wohl mal in meiner Kanzlei anrufen.« Oder: »Ihnen ist schon, klar, dass es die Schuld Ihres Kindes ist, dass es gerade eskaliert. Wenn Sie nicht einschreiten, muss ich es tun.« Seine Frau wurde mehrfach darauf angesprochen, was denn mit ihrem Mann los sei.

Der Verzicht darauf, der Tochter in bestimmten Situationen Grenzen zu setzen, führte auch zu Auseinandersetzungen mit seiner Frau. Im Gegensatz zu ihm war es der Mutter wichtig, auf das Verhalten ihrer Tochter einzuwirken. Die daraus entstandenen Konflikte belasteten die Ehe schließlich sogar mehr als die Seitensprünge von Tobias, von denen seine Frau auch erfahren hatte. Schließlich stellte sich heraus, dass Tobias' Frau ernsthaft darüber nachdachte, sich von ihm zu trennen.

Ich konnte Tobias innerhalb einiger Therapiestunden das Konzept der Befriedigung von Grundbedürfnissen vermitteln. Auf einer kognitiven Ebene war ihm das sehr schnell klar. Auch die Notwendigkeit nach realistischen Grenzen und Selbstkontrolle konnte ich ihm nahebringen. Vor allem vermochte er die Erkenntnis annehmen, dass alle Menschen unabhängig von ihrer Herkunft die gleichen Bedürfnisse haben. Und er erkannte, dass es zum starken Gefühl von Alleinsein und Einsamkeit kommen kann, wenn man sich als Individuum als etwas sehr Besonderes wahrnimmt. Und das, so sagte er, wolle er für seine Tochter nicht.

Wir haben dann Imaginationsübungen gemacht, die ebenfalls erheblich zum Therapieerfolg beigetragen haben. Einmal haben wir uns beispielsweise vorgestellt, wie ein »gesunder Erwachsener« mit Tobias' Vater gesprochen hätte, nachdem der Autounfall passiert war. Er hätte mit dem Vater »ein ernstes Wort gesprochen«, in der Art: »Wenn du Tobias vor allen negativen Konsequenzen beschützt, wird das negativen Einfluss haben. Es ist wichtig, dass er das Konzept der Wiedergutmachung erfährt.«

In der Imagination war es dann so, dass der damals 18-Jährige den Schaden teilweise selbst bezahlen musste, sich beim Unfallopfer entschuldigte und für die Zeit der Autoreparatur die Einkäufe für den Geschädigten erledigte. Es war natürlich »nur« eine Imagination, aber dennoch war bei Tobias das Gefühl von Schuld spürbar, was zuvor nicht der Fall war.

Tobias konnte mithilfe dieser und weiterer Imaginationsübungen nach und nach seine Einstellung und sein Verhalten verändern – und nachvollziehen, dass seine Tochter dringend Grenzen benötigte.

Am Beispiel von Tobias zeigt sich exemplarisch, wie enorm wichtig realistische Grenzen und Selbstkontrolle im Leben eines Menschen sind. Vor allem auch in der Erziehung von Kindern. Es stärkt unsere Kinder zu wissen, dass sie nicht alles und zu jeder Zeit tun können, ohne dass damit Konsequenzen verbunden sind.

Ich möchte betonen, dass es mir darum geht, dass Kinder realistische Grenzen – manche sagen auch natürliche Grenzen – erfahren, nicht etwa künstliche Grenzen oder Konsequenzen. Mit Sätzen wie »Du darfst erst aufstehen, wenn du alles aufgegessen hast.« oder »Du darfst erst spielen, wenn du alle Schularbeiten gemacht hast.« werden künstliche Grenzen aufgestellt. Realistische Grenzen, bei denen die Kinder die Bedürfnisse anderer berücksichtigen, hingegen wären: »Mir ist es zu laut. Bitte sprich leiser.« oder »Ich wünsche mir Unterstützung, bitte räum mit mir die Spülmaschine aus, bevor du spielst.«

Das müssen sie selbstverständlich altersgerecht lernen. So sollten Kleinkinder nicht mit ihrem Verhalten konfrontiert werden, wenn es um unerhebliche Dinge geht, sie beispielsweise auf einem Brief herumgemalt haben, den man selbst versehentlich auf dem Küchentisch hat liegen lassen. Denn bis zum Alter von etwa sechs Jahren sind Kinder nur sehr eingeschränkt in der Lage, die Konsequenzen ihres Verhaltens zu überblicken. Sie befinden sich noch im Stadium des »präoperativen Denkens«, ihnen gelingt es noch nicht so gut, sich in andere Menschen hineinzuversetzen. Wenn es um konkrete Gefahren geht, sie etwa bei Verkehr über die Straße laufen wollen, müssen wir natürlich dennoch eingreifen.

Zum Umgang mit den eigenen Impulsen und zur Selbstkontrolle gehört auch die Erfahrung, dass das Leben Situationen bereithält, die langweilig sind. Das man Dinge tun und zu Ende bringen muss, die man nicht mag, die vielleicht alles andere als Spaß machen: die Spülmaschine einräumen, Schulaufgaben rechtzeitig fertigstellen, das Kinderzimmer aufräumen.

Wenn es uns als Erwachsenen nicht gelingt, unseren Kindern dies zu vermitteln, dann gelingt es Kindern auch nicht, ihre eigenen Bedürfnisse mit den Bedürfnissen anderer Menschen in Einklang zu bringen. Sie werden immer wieder in Konflikte mit anderen Menschen geraten.

Ich bin unfehlbar! Der Fall von Alexander

Um den Zusammenhang von Selbstkontrolle und Grenzen noch deutlicher zu machen, möchte ich von Alexander berichten, den ich über einige Jahre betreut habe. Alexander war Ende 40, als er sich aus eigenem Antrieb in eine psychiatrische Klinik einweisen ließ, da er völlig verzweifelt war. Er führte als Selbstständiger ein kleines Unternehmen, hatte dabei jedoch ständig massive Konflikte mit seinen Angestellten.

Seine Partnerschaft war zudem einige Zeit zuvor in die Brüche gegangen. Emotional hatte ihn das derart belastet, dass er sich häufig betrank, Beruhigungsmittel einnahm – und sogar immer mal wieder Suizidgedanken hatte.

Auffällig war, dass Alexander nicht erkennen konnte, dass vor allem sein eigenes Verhalten zu seinen Problemen geführt hatte. Er berichtete stattdessen wortreich von seinen Angestellten, dass er ihr Verhalten missbilligte, sie für unfähig hielt. Er hatte sie des Öfteren angeschrien, vor Wut die Türen geknallt und Tassen zerschmissen.

Alexander erzählte auch, dass er seine Partnerin beleidigt hatte, ohne dass es einen Grund dafür gegeben hätte. Er behandelte sie oft abwertend. Ein Gefühl von Reue oder gar Mitleid empfand er nicht, wie er zugab. Alexander vermittelte mir den Eindruck, davon überzeugt zu sein, dass er so gut wie alles besser konnte als andere Menschen und niemand seinen Ansprüchen gerecht zu werden vermochte. Ja, dass ihm letztlich das Leben mehr schulde als den ständigen Umgang mit unfähigen Angestellten oder seiner undankbaren Partnerin.

Hinzu kam, dass Alexander zwei Kinder aus einer früheren Beziehung hatte. Zu denen war die Beziehung allerdings nahezu abgebrochen. Seine Kinder weigerten sich, engeren Kontakt zu ihrem Vater zu halten. Alexander konnte nicht erkennen, dass sein Verhalten dazu beigetragen hatte, wenn es nicht sogar die Hauptursache war. Für ihn war klar, dass seine ehemalige Partnerin seine Kinder manipuliert hatte. Er habe dies, so berichtete er, leider nicht verhindern können, weil er sich immer um viele andere, noch wesentlich wichtigere berufliche Dinge hätte kümmern müssen.

Die Zusammenschau aus seinem emotionalen Zustand und der Lebensgeschichte ergab eine recht klare Diagnose: eine narzisstische Persönlichkeitsstörung. Die Behandlung des Patienten war in diesem Fall auch für mich nicht ganz einfach, denn im direkten Kontakt zeigte sich die Störung auch durch ein unfreundliches, ablehnendes Verhalten mir gegenüber. Es half mir zu wissen, dass hinter einem Narzissmus meist auch Schmerz und Leid stehen – und ein schwach ausgeprägtes Selbstwertgefühl.

Das stellte sich auch heraus, als wir gemeinsam auf Alexanders Biografie schauten. Ein Wendepunkt in seinem Leben war der tödliche Verkehrsunfall seines zwei Jahre älteren Bruders.

Alexander war sechs Jahre alt gewesen, als sein achtjähriger Bruder beim Überqueren einer Straße von einem Auto erfasst wurde. Für die Familie war das natürlich die größtmögliche Katastrophe. Alexanders Eltern waren in der ersten Zeit danach kaum in der Lage, sich ausreichend um ihn zu kümmern. Alexander war allein mit seiner Trauer um den Bruder. Hinzu kam, dass es in der Familie vermieden wurde, den Tod des Bruders offen anzusprechen.

In der Folgezeit aber kam es dazu, dass das übrig gebliebene Kind mit Liebe überhäuft wurde. Alexander wurden auch keine Grenzen mehr gesetzt, seine Eltern verwöhnten ihn maßlos und taten alles nur Erdenkliche für ihn. Vor allem materiell: So bekam er etwa zu Weihnachten die doppelte Menge an Geschenken. Die nicht ausreichend aufgearbeitete Trauer über den Tod seines Bruders, die materielle Verwöhnung und die emotionale Vernachlässigung bewirkten, dass Alexander eine narzisstische Persönlichkeitsstörung entwickelte.

Im Zuge der Therapie konnte Alexander endlich der Trauer um seinen verstorbenen Bruder Ausdruck verleihen. Ich konnte spüren, wie sehr ihn unsere Gespräche entlasteten. Denn er hatte lange Zeit angenommen, dass er nicht traurig sein dürfe, dass Trauer ein Zeichen von Schwäche sei.

Es war diese innere Stimme in ihm, die »unerbittliche Stimme«, die ihm das sagte. Sie war herangewachsen und hatte an Macht gewonnen, weil er die Erfahrung gemacht hatte, dass auch seine Eltern, also seine engsten Bezugspersonen, nicht über den Tod des Bruders sprachen. Sie hatten versäumt, ihm zu vermitteln, wie wichtig es ist zu trauern. Vielleicht konnten sie es in der damaligen Situation selbst nicht. Aber die Trauer anzusprechen und sie gemeinsam mit dem Sohn zu fühlen – das wäre ihre Aufgabe gewesen.

Und dann gab es noch das traurige, unversorgte Kind in ihm, das wir thematisierten. Im Rahmen eines Stuhldialogs setzte sich Alexander auf einen Stuhl, der das verzweifelte Kind in ihm symbolisierte. Auf diese Weise konnte er die Trauer in dem Kind erkennen, das er früher war. Das erwies sich als sehr hilfreich für ihn.

Als rettendes Korsett hatte sich Alexander einen narzisstischen Panzer zugelegt. Der hatte die Funktion, ihn glauben zu lassen, dass er der Größte sei, besser und wichtiger als andere Menschen. Und dass er alles tun dürfe, ja gewissermaßen unfehlbar sei. Auch hier konnten wir feststellen, welche Funktion das Korsett für sein Leben hatte. Es hinderte ihn, engere Beziehungen zu anderen Menschen einzugehen, weil andere ihn dadurch als sehr unangenehm empfanden.

Aber wir konnten das Korsett letztlich auch lockern, indem Alexander es in einem Stuhldialog nacherlebte: Er setzte sich auf einen Stuhl, der das Korsett symbolisierte – und Alexander begriff, warum er in seinem Korsett immer allein war und keinen echten Kontakt zu anderen Menschen hatte.

In einer Imagination ließ ich ihn die Position eines »gesunden Erwachsenen« einnehmen und konfrontierte ihn mit dem Kind, das schon in der Schule, seiner narzisstischen Persönlichkeitsstörung entsprechend, des Öfteren andere Kinder heruntergemacht hatte. Aus der heutigen Perspektive heraus sollte er seinem früheren Kind Grenzen setzen.

Bei der Imagination hatte Alexander die Aufgabe, direkt im Modus des gesunden Erwachsenen zu seinem kindlichen Ich zu sprechen: »So wie du das machst, ist das nicht in Ordnung. Dein Verhalten ist falsch. Wenn du das nicht lässt, wird das für dich negative Konsequenzen haben.« Auf diese Weise konnte er erleben, dass sein damaliges Verhalten mit dafür gesorgt hatte, dass er allein blieb. Und weshalb er sich zu dem Erwachsenen entwickelt hatte, der er war, aber nun nicht mehr sein wollte.

Das hatte den Effekt, dass Alexander auch in seinem Erziehungsstil Fehler erkennen konnte. Daraufhin bemühte er sich intensiv um einen neuen Kontakt zu seinen Kindern. Natürlich ließ sich die Vergangenheit nicht ungeschehen machen und die Kinder schlossen ihn nicht einfach freudig in die Arme. Aber immerhin gab es klärende Gespräche – und Alexander hat inzwischen wieder einen regelmäßigen, wenn auch nicht sehr intensiven Kontakt zu ihnen. Und nachdem einige Mitarbeiter seiner Firma gekündigt hatten, gelingt es ihm mittlerweile zumindest, die neu eingestellten besser zu behandeln.

In dieser Fallgeschichte wird deutlich, dass es auch bei einer schwierigen und sogar traumatischen Biografie möglich ist, durch eine emotionale Verarbeitung das Erleben im Hier und Jetzt zu verändern. Die bewusste Auseinandersetzung mit unseren Grundbedürfnissen sowie die bewusste Entscheidung, sich auch gegen unsere unerbittliche Stimme zu wenden, kann dazu führen, dass wir fürsorglichere Eltern werden. So können wir unseren Kindern das mitgeben, was sie brauchen.

Bevor ich Sie zu einer weiteren Übung motivieren möchte, ist es mir wichtig, noch einmal die Bedeutung realistischer Grenzen zu betonen. Die allermeisten Eltern halten es für selbstverständlich, dass ihre Kinder etwas ganz Besonderes sind. Und natürlich sind sie das auch. Sie sind das Wertvollste, was wir haben. Wir lieben sie mit ganzem Herzen und wir würden fast alles für sie tun.

Trotzdem ist es wichtig, sich klarzumachen: Wir besitzen unsere Kinder nicht. Und wir sollten sie nicht immer so behandeln, als wären sie etwas ganz Besonderes. Das ist nach dem zuvor Gesagten vielleicht nur schwer nachvollziehbar, daher möchte ich es erklären: Für das Wohlbefinden von Menschen ist die Bindung und eben auch Ver-Bindung, also die Verbundenheit mit anderen Menschen, zentral. Wir streben trotz unserer Individualität danach, zu einer Gemeinschaft zu gehören, Gemeinsamkeiten mit den anderen in einer Gruppe zu erleben.

Kinder, deren Eltern ihnen ständig vermitteln, sie seien etwas ganz Besonderes, sagen ihnen damit unterschwellig, dass sie ganz anders als die anderen sind. Und das ist ein Problem. Denn es kann ihnen schwerfallen, Kontakt zu anderen Kindern aufzunehmen, die ja angeblich so anders sind als sie selbst.

In der Konsequenz heißt das, dass ein Kind, das im Bewusstsein seiner Einzigartigkeit aufwächst, oftmals allein bleibt. Und genau das wünschen wir uns als Eltern ja nicht für unsere Kinder. Wir wünschen uns vielmehr, dass unser Nachwuchs in Kindergarten oder Schule gut integriert ist, mit den anderen Kindern spielt und Gemeinschaft erlebt.

Was hat das nun mit realistischen Grenzen zu tun? Nun, wenn ein Kind keine Grenzen gesetzt bekommt, könnte es annehmen, etwas ganz Besonderes zu sein. Denn das Kind vergleicht sich natürlich mit anderen, ob mit den Spielkameraden im Kindergarten oder den Klassenkameraden. Und dabei wird es unweigerlich feststellen, dass die meisten sicherlich eine feste Zubettgehzeit haben, sie nur begrenzte Mengen Süßigkeiten bekommen, ihnen (hoffentlich) die Zeit für Spiele am Smartphone begrenzt wird. Wenn ein Kind dann feststellt, dass es diese Grenzen bei ihm nicht gibt, wird es sich mit anderen Kindern nicht eng verbunden fühlen können.

Verstehen Sie mich nicht falsch: Ich möchte nicht, dass Sie sich ausschließlich an den Grenzen und Regeln anderer orientieren. Wichtig ist aber, dass Sie sich dieser bestehenden Grenzen bewusst sind. Und wenn Sie von diesen abweichen, ist es notwendig, die Gründe dafür ihren Kindern offen zu vermitteln.

Übung zu realistischen Grenzen

Nun zu der Übung, zu der ich Sie einladen möchte. Setzen Sie sich an einen ruhigen Ort und nehmen Sie sich 20 Minuten oder besser 30 Minuten Zeit, um über das nachzudenken, was Sie gerade auf den Seiten zuvor gelesen haben, also über das Bedürfnis nach realistischen Grenzen. Es geht nicht darum, dass Sie darüber nachdenken, wie Sie besonders strenge Grenzen setzen. Viel entscheidender ist es, Grenzen, die Ihnen wirklich wichtig sind, langfristig konsequent als solche anzuerkennen.

Überlegen Sie bitte für jedes Ihrer Kinder, inwieweit Sie deren Bedürfnis nach realistischen Grenzen derzeit erfüllen. Ihre Kinder werden das Bedürfnis nach realistischen Grenzen nicht selbst benennen; es ist vielmehr Aufgabe von uns Eltern, dieses Bedürfnis zu erkennen und uns entsprechend zu verhalten.

Nehmen Sie sich ein paar Minuten Zeit und schauen Sie, zu welchen Situationen Sie notwendige Begrenzungen benennen und diese auch umsetzen. Es kann hilfreich sein, die besten Freunde Ihrer Kinder in diese Überlegung einzubeziehen: Gibt es bei denen vergleichbare Regeln oder womöglich ganz andere? Wenn Letzteres so sein sollte, überlegen Sie, warum Sie davon abweichen. Machen Sie sich das bewusst, damit Sie

Ihre Entscheidung Ihren Kindern gegenüber schlüssig begründen können.

Denn Kinder wollen mitgenommen werden, wollen in Entscheidungen zu Grenzen ihres Handelns so weit wie möglich einbezogen werden. Damit sie sie nachvollziehen können und nicht als willkürlich empfinden. Das ist auch gut so, denn Ihre Kinder müssen schließlich mit Ihren Entscheidungen leben. Das heißt nicht, Entscheidungen ständig mit den Kindern zu diskutieren, sehr wohl aber, diese gut zu begründen.

Beim Thema Spielen auf dem Smartphone ist es beispielsweise absolut sinnvoll, die Zeit altersgerecht einzuschränken. Sie könnten sagen, dass Sie es nachvollziehen können, wenn Ihr Kind das total doof findet, es aber wichtig ist, die entsprechende Regel einzuhalten. Etwa weil es Ihnen als Mutter oder Vater wichtig ist, dass Ihr Kind sich viel draußen bewegt, weil das seine Entwicklung fördert.

Wenn Sie mehrere Kinder haben, gilt es zu bedenken, dass jedes Kind vermutlich mit unterschiedlichem Temperament auf die Welt gekommen ist. Das bedeutet, dass auch die Befriedigung der Grundbedürfnisse individuell angepasst werden muss. Es kann sein, dass eines der Kinder etwas mehr Grenzen benötigt als ein anderes. Auch in dem Fall ist es wichtig, damit innerhalb der Familie offen umzugehen. Natürlich ist es nachvollziehbar, dass es Familienregeln gibt, die für alle gelten, also zum Beispiel, dass immer gemeinsam gegessen wird oder dass gemeinsam mit dem Essen begonnen wird.

Es darf aber auch individuelle Abweichungen geben. Etwa beim Umgang mit Süßigkeiten. Das eine Kind benötigt womöglich keine Regeln, weil es Süßigkeiten ohnehin kaum anrührt, während das andere alles wegfuttert, was auch nur ins Blickfeld kommt. Oder im Straßenverkehr: Während das eine

Kind immer wieder darauf hingewiesen werden muss, mit dem Fahrrad nicht mitten auf der Fahrbahn zu fahren, muss das andere womöglich ermuntert werden, überhaupt einmal ein Fahrrad oder Skateboard auszuprobieren.

Nachdem Sie sich nun intensiv mit diesem Thema auseinandergesetzt haben, möchte ich Sie bitten, dass Sie für jedes Ihrer Kinder zwei Grenzen benennen und diese auch mit Ihren Kindern besprechen. Beispielsweise jene Grenzen, über die Sie sich beim Lesen dieses Kapitels gerade Gedanken gemacht haben.

Ein wichtiger Aspekt, der ebenfalls zum Grundbedürfnis nach Grenzen gehört, ist die Selbstkontrolle. Damit ist zum Beispiel gemeint, langweilige Dinge dennoch zu erledigen, etwa die jährliche Steuererklärung oder das Aufräumen von Schränken, in denen sich über die Zeit allerhand angesammelt hat.

Langeweile auszuhalten ist auch etwas, das Kinder erst lernen müssen. Es ist eine Fertigkeit, deren Bedeutung uns oft nicht unmittelbar bewusst ist und die mit dem Grundbedürfnis nach Grenzen korrespondiert. Insofern sollten wir unsere Kinder dabei unterstützen. Wenn wir das nicht tun, können wir kaum von ihnen erwarten, dass sie Französischvokabeln lernen oder dass sie im Haushalt helfen, ohne herumzunörgeln.

Es geht in der Erziehung allerdings nicht nur darum, Dinge ausdrücklich mit den Kindern zu besprechen. Es geht vor allem auch darum, dass wir als Eltern mit gutem Beispiel vorangehen. Daran können Kinder unwahrscheinlich viel lernen. Auch im Hinblick auf die Selbstkontrolle funktioniert das. Dazu möchte ich Ihnen einen konkreten Vorschlag machen, mit dem ich selbst gute Erfahrungen gemacht habe.

Eines der Dinge, die mir wirklich schwerfallen, ist das Fertigstellen von Texten. Insbesondere die Formulierung von medizinischen Gutachten empfinde ich als langweilig, sodass ich die Aufgabe gerne vor mir herschiebe. Das ging mir schon im Studium so. Für Fächer, die mir nicht so viel Spaß gemacht haben, habe ich ungern gelernt. Ich kann mich daran erinnern, dass ich sogar in meiner Studentenwohnung die Fenster geputzt habe, nur um mich nicht an den Schreibtisch setzen zu müssen. Der Aufwand, langweilige Dinge zu vermeiden, kann also manchmal ganz schön groß sein.

Was mir besser gelingt, ist, langweilige Dinge zu erledigen, wenn ich meinen Kindern ein gutes Vorbild sein kann.

Das brachte mich auf die Idee, mich gemeinsam mit den Kindern an den Küchentisch zu setzen, sodass sie und ich jeweils jene Aufgaben erledigten, die uns gerade keinen Spaß machte. Ich kontrollierte ein Gutachten und meine Kinder machen die Aufgaben, auf die sie keine Lust haben. Dadurch, dass wir gemeinsam etwas tun, was uns keinen Spaß macht, ist es schon gar nicht mehr so schlimm. Es gibt dazu den bekannten Spruch vom geteilten Leid, das halbes Leid ist. Der hat einen wahren Kern.

Ähnliches könnten Sie auch einmal in Ihrer Familie ausprobieren. Denn sicherlich gibt es für jeden von Ihnen ab und an unliebsame Tätigkeiten, die dennoch erledigt werden müssen. Gemeinsam zu erleben, dass man damit umgehen kann, ist eine wertvolle Erfahrung für die Kinder. Ohne die Vermittlung dieser Fertigkeit würden wir unseren Kindern einen schlechten Dienst erweisen.

4.4. Das Bedürfnis nach Freiheit

Mit Freiheit gemeint ist hier, dass ein Kind seine berechtigten Bedürfnisse ausdrücken darf, ohne sich dabei einschränken zu müssen. Und auch seine Gefühle sollte es zeigen dürfen – in all ihren Facetten. Gefühle sind wichtig und willkommen, die angenehmen Emotionen können regelrecht herausgejauchzt werden. Auch unangenehme Emotionen gehören dazu, sie sollten keineswegs unterdrückt werden.

Insofern ist es gut, Kinder immer wieder zu ermuntern, ihren Gefühlen Ausdruck zu verleihen. Sie dürfen sagen, was sie begeistert, aber auch, was sie nervt oder langweilt. Sagen, was ihnen Angst macht und was ihnen Freude bereitet. Unsere Aufgabe ist es, dies wahrzunehmen und sensibel darauf einzugehen.

Wenn wir ein sehr ängstliches Kind haben, das Situationen vermeidet, die Gleichaltrige schon problemlos bewältigen, ist es unsere Aufgabe, die Angst ernst zu nehmen. Aber auch, sich gemeinsam mit dem Kind dieser Angst zu stellen, um es zu befähigen, die Angst zu überwinden. Und selbstverständlich sind auch Emotionen wie »da habe ich keinen Bock drauf« oder »das finde ich scheiße« in Ordnung, beispielsweise als Reaktion auf die Aufforderung, das Kinderzimmer aufzuräumen. Ebenso ist es aber wichtig, die Kinder dazu anzuleiten, die unliebsamen Aufgaben dennoch zu erledigen.

Auf diese Weise bekommen Kinder nicht nur mit, welches Verhalten und welche Dinge im Leben ihnen Spaß machen – sondern auch, mit welchen man sich beschäftigen muss, selbst wenn sie keine Freude bereiten. Wenn unangenehme Emotionen jedoch unterdrückt werden, steht dahinter in der Regel ein unbefriedigtes Bedürfnis. Dieses kann nur angemessen befriedigt werden, wenn auch den dazugehörigen Emotionen Ausdruck verliehen wird.

Sei doch nicht traurig! Der Fall von Luisa

Wenn ich über den freien Ausdruck von Gefühlen schreibe, muss ich an meine Patientin Luisa denken, die mit etwa Mitte 30 zu mir kam und von Schwierigkeiten mit ihrem achtjährigen Sohn Ben berichtete. Ben litt ständig an Bauchschmerzen und Übelkeit oder auch unter Kopfschmerzen, obwohl sich keine körperlichen Ursachen finden ließen. Oft, wenn es Ben schlecht ging, wollte er nicht zur Schule gehen.

Luisa erzählte mir, dass sie nicht verstehen würde, was mit Ben los sei. Ihr Sohn hatte Freunde an der Schule gefunden, zudem konnte Ben zu Fuß dorthin gehen. Außerdem herrsche an der Schule eine freundliche Atmosphäre, als Kind könne man sich dort sehr wohlfühlen. Es stellte sich jedoch heraus, dass Ben seinen Kindergarten sehr vermisste, obwohl er schon seit zwei Jahren zur Schule ging.

Ben hatte den Kindergarten für mehrere Jahre besucht und dort enge Freundschaften geschlossen. Auf dem Weg zur Schule kam er nun jeden Morgen an seinem alten Kindergarten vorbei. Er erzählte seiner Mutter des Öfteren, dass er den Kindergarten sehr vermisse. Auch weil seine besten Freunde aus dieser Zeit nun auf eine andere Schule gingen. Ein weiterer guter Freund war mit seiner Familie zudem in eine andere Stadt gezogen.

Ich habe Luisa dann gebeten, mir zu erzählen, wie sie denn auf diese Gefühlsäußerung reagiert habe. Bereitwillig berichtete sie, dass sie versucht habe, ihrem Sohn Mut zuzusprechen und ihn zu motivieren, das Gute an der neuen Schule zu sehen. Sie sagte Sätze wie: »Der Kindergarten ist vorbei, es ist wichtig, dass wir jetzt nach vorne gucken und du einen guten Schulabschluss machst.« Oder auch: »Du musst nicht traurig sein. Du findest jetzt ja neue Freunde.«

Daraufhin habe ich Luisa gefragt, ob sie versucht habe, die Situation von Ben auch einmal aus seiner Perspektive zu betrachten. Anfangs verstand sie nicht so recht, inwiefern das besonders wichtig ist. Es sei doch ganz normal für jedes Kind, vom Kindergarten zur Schule zu wechseln. Und Freundschaften würden in dem Alter häufig ohnehin nicht lange halten. Luisas Reaktion kam mir ungewöhnlich vor, sodass ich ihr vorschlug, über ihre eigene Lebensgeschichte als Kind zu reden. Darüber zu sprechen, wie ihre Eltern mit ihren Gefühlen umgegangen waren.

Sie sei, erzählte Luisa, grundsätzlich in einer glücklichen und stabilen Familie aufgewachsen. Es habe jedoch auch eine längere, sehr belastende Phase gegeben. Als sie sechs Jahre alt war, stellte sich heraus, dass ihr Vater krebskrank war. Er wurde daraufhin mehrfach operiert und musste auch mehr als einmal eine Chemotherapie über sich ergehen lassen. Für ein normales Familienleben blieb in dieser Phase nur wenig Zeit. Wie es ihr als Kind damit gegangen sei, sei nicht so wichtig gewesen, sagte Luisa. Sie wollte vor allem ihrer Mutter nicht zur Last fallen, die durch die Erkrankung ihres Mannes ebenfalls eine schwierige Zeit durchlebte.

Luisa konnte sich an verschiedene Situationen erinnern, die für sie damals sehr belastend gewesen waren. Beispielsweise hatte sie einmal angefangen zu weinen, als ihr die lebensbedrohliche Situation ihres Vaters in ganzer Tragweite bewusst wurde. In dieser Situation tröstete ihre Mutter sie nicht etwa, sondern sagte ihr, sie solle doch bitte nicht weinen, weil sie die zusätzliche Belastung durch ein weinendes Kind nicht ertragen könne.

Was hätte sie in dieser Situation als Kind gebraucht? Ich habe Luisa gebeten, dazu eine Imaginationsübung zu machen. Sie hat sich dabei vorgestellt, wie nicht ihre belastete Mutter, sondern eine andere vertraute Person auf das Mädchen von damals reagiert hätte. Sie wählte dafür die Mutter einer damaligen Freundin.

Luisa konnte auf diese Weise erkennen, dass sie mehr Unterstützung beim Umgang mit ihren Emotionen von Angst und Trauer benötigt hätte. Aber sie konnte auch das Verhalten ihrer Mutter nachvollziehen. Sie erkannte, dass es kein Widerspruch ist, einerseits das Verhalten der Mutter zu verstehen und andererseits die dadurch entstandenen Defizite zu sehen.

Luisa wurde nach und nach klar, dass sie in einer wichtigen Phase ihrer kindlichen Entwicklung ihre Gefühle nicht frei ausdrücken konnte. Natürlich war das Verhalten der Mutter nicht der alleinige Grund dafür. Vielmehr war es so, dass Luisa grundsätzlich nicht sonderlich gut gelernt hatte, ihren Emotionen Raum zu geben oder sie einzuordnen. Es bestärkte sie auch niemand darin, dies zu tun. Diese Erfahrung hat schließlich dazu geführt, dass sie sich ihrem Sohn gegenüber ähnlich verhielt wie ihre Mutter ihr gegenüber.

Zudem wurde auch deutlich, dass der emotionale Druck, den ihr Sohn empfand, sich auf sie selbst übertragen hatte und eine Eigendynamik entwickelte. Ihre emotionale Not aus der Kindheit wurde durch Bens Gefühle wieder in die Gegenwart geholt, sodass Luisa sie noch einmal durchlebte. Um dies zu vermeiden, scheute sie auch die Auseinandersetzung mit den emotionalen Nöten ihres Sohnes.

Nach der Therapie gelang es Luisa recht schnell, Ben gegenüber offener zu sein und ihn zu ermuntern, seinen Gefühlen Ausdruck zu verleihen. Sie vermittelte ihm, dass sie es gut verstand, dass er traurig war, weil er nicht mehr in den geliebten Kindergarten gehen konnte. Die Trauer darüber, sagte sie ihm, sei völlig in Ordnung. In gewisser Weise sei es sogar ein gutes Zeichen, denn darin zeige sich ja, dass Ben es geschafft habe, Freundschaften im Kindergarten zu schließen, die für ihn wichtig sind.

Durch die Wertschätzung seiner Gefühle und durch die Akzeptanz seiner Trauer besserten sich nach und nach Bens seelische und auch körperliche Schmerzen. Statt den Kontakt zum Kindergarten komplett zu kappen, wie es Luisa zunächst getan hatte, ermöglichte sie Ben nun, dem Kindergarten weiterhin einen Raum in seinem Leben zu geben: So brachten die beiden zum Beispiel zu den Geburtstagen der ehemaligen Kindergärtnerin selbst gebackenen Kuchen vorbei.

An diesem Beispiel wird deutlich, wie wichtig es ist, Kinder beim Ausdruck ihrer Gefühle zu unterstützen, sie auch dazu zu motivieren, diese zu äußern. Das gilt für positive, gleichermaßen aber auch für negative Emotionen. Dabei sind Emotionen nicht grundsätzlich rein positiv oder rein negativ, doch es gibt Emotionen, die Menschen gerne empfinden (wie Freude oder Dankbarkeit), und andere, die sie nicht gerne empfinden (wie Wut oder Trauer).

Eher negative Emotionen sind insbesondere aus folgendem Grund wichtig: Nur wenn wir unsere Kinder aktiv ermuntern, uns auch zu sagen, wenn es ihnen schlecht geht, können wir solch schwierige Situationen erkennen und angemessen darauf reagieren. Unser eigenes Erleben deckt sich längst nicht immer mit dem unserer Kinder. Insofern ist es so wichtig, dass sie ihre Gefühle frei äußern. Ansonsten übersehen wir als Eltern nur allzu leicht, wenn es unseren Kindern nicht gut geht – oder wir bemerken es erst zu spät.

Zum freien Ausdruck der Bedürfnisse gehört es auch, dass Kinder ihre Ideen offen aussprechen können und dies von uns Eltern gewürdigt wird. Das fördert nicht zuletzt die kindliche Kreativität. Es kann dabei um ganz alltägliche Dinge gehen, etwa die Frage, in welcher Reihenfolge man am besten die Spülmaschine einräumt, oder darum, ob man zuerst die Winterjacke anzieht und dann die Stiefel oder umgekehrt.

Genauso sollten Kinder aber auch bei wichtigeren Entscheidungen Gehör finden. Zum Beispiel bei der Frage, was gemeinsam am Wochenende unternommen wird oder auch im Urlaub. Dabei ist es hilfreich für eine gesunde Entwicklung, den Sohn oder die Tochter immer mal wieder aufzufordern, eigene Gedanken zu formulieren. Und selbstverständlich sollten wir diese dann auch in die Entscheidungsfindung miteinbeziehen. Und die Entscheidung für die Kinder nachvollziehbar machen.

Unterdrückte Gefühle – Der Fall von Sebastian

Das erinnert mich an einen Patienten Ende 40, den ich bereits vor einigen Jahren behandelt hatte. Sebastian kam aufgrund einer Angst- und Zwangsstörung zu mir. Er hatte einen ausgeprägten Waschzwang, in den er auch die Familie miteinbezog. Jeder musste nach Betreten des Hauses mit einer jeweils neuen Seife ein aufwendiges Reinigungsritual durchlaufen. Niemand durfte mit Straßenkleidung das Haus betreten, die Kleidung musste jedes Mal komplett gewechselt werden.

Hielt sich jemand nicht daran, war Sebastian verzweifelt und verängstigt. Sein Zwang führte dazu, dass die Familie keine Freunde mehr einlud.

Es war eine enorme Kraftanstrengung für Sebastian, überhaupt zu mir zu kommen. Er war in einem derart schlechten Zustand, dass er seine Wohnung kaum noch verlassen konnte. Außerhalb überfielen ihn massive Angstzustände. Doch er rang sich durch, denn sein Zustand belastete auch seine Frau und seine Kinder stark.

Im Laufe der Psychotherapie wurde mehr und mehr deutlich, dass es auch Sebastian in seiner Kindheit erheblich an der Freiheit gemangelt hatte, seinen Ideen und Gefühlen Ausdruck zu verleihen. Seine Eltern waren sehr streng und vermittelten ihm als Kind ständig, dass er nichts wissen und nichts selbst tun könne – und sich am besten ruhig und möglichst unauffällig zu verhalten habe.

Positive Rückmeldung zu seinem Verhalten bekam Sebastian praktisch ausschließlich, wenn er seine Eltern in Ruhe ließ. So konnte er sich daran erinnern, dass er einmal, als seine Eltern Freunde zu Besuch hatten, am Ende des Tages ausdrücklich gelobt wurde: dafür, dass er die ganze Zeit still am Tisch gesessen und keine Fragen gestellt hatte.

Dass er so viele solcher Erfahrungen in der Kindheit machte, führte zu seiner massiven Verunsicherung. Sebastian hatte ein Vermeidungsverhalten entwickelt. Er vermied es, seine Wünsche und Bedürfnisse zu äußern, weder gegenüber der Familie noch im Berufsleben. Im Laufe der Zeit hatte das zu der Angsterkrankung und der Zwangsstörung geführt.

Gemeinsam haben wir sein Verhalten in ein Modus-Modell eingeordnet, also seine unterschiedlichen Verhaltensweisen auf bestimmte Lebenssituationen herausgearbeitet. Das hat ihm verdeutlicht, welche inneren Prozesse zu welchen Verhaltensweisen geführt haben. Dass seine Angst und Unsicherheit ein Ausmaß angenommen hatten, das für Erwachsene weit über das normale Maß hinausgeht. Sebastian konnte dann verstehen, dass die Ursache seiner Zwangssymptome bestimmte Annahmen waren, die wir als unerbittliche Stimme identifizierten. Es wurde ihm bewusst, dass diese Stimme ihm ständig sagte, dass er eine Last für andere Menschen sei und dass er störe.

Auf die Frage, wie alt er sich in diesen Situationen fühle, sagte er: zwischen sechs und acht Jahren. Hier zeigte sich der Persönlichkeitszustand des unversorgten Kindes. Es gab offenbar viele unerfüllte Bedürfnisse aus seiner Kindheit, die zur Herausbildung seiner Ängste geführt haben. Die Zwangssymptome waren notwendig, um die negativen Emotionen und die abwertenden Gedanken auszuhalten, sie nicht mehr so intensiv spüren zu müssen. Insofern waren die Zwänge ein rettendes Korsett für ihn, das es ihm ermöglichte, unangenehme Situationen im Leben zu vermeiden.

Mit Hilfe von Imaginationsübungen war es Sebastian nach einiger Zeit möglich, seine Eltern direkt mit ihren früheren Erziehungsmethoden zu konfrontieren. Er sagte ihnen, wie ungut es für seine Entwicklung gewesen ist, ihn ausschließlich fürs Stillsein zu loben. Dass ihm sehr die Unterstützung seiner Eltern gefehlt hat. Dass er sich von ihnen gewünscht hätte, ihn aussprechen zu lassen, was er dachte und was wichtig für ihn war.

Sebastians Eltern konnten oder wollten nicht einsehen, dass sie etwas falsch gemacht haben, dass sie den Bedürfnissen ihres Sohnes nicht entsprochen haben. Es sei alles nur zu seinem Besten gewesen, sagten sie. Sebastian hat diese Reaktion dennoch geholfen. Denn ihm wurde klar, dass nicht er die Ursache seiner Probleme ist, sondern seine Eltern es sind. Diese Erkenntnis führte schließlich dazu, dass Sebastian motiviert war, sich seinen Zwängen zu stellen.

Ich habe Sebastian angeleitet, nach und nach gegen seine Zwänge anzuarbeiten – was am besten dadurch gelingt, sich ihnen kontrolliert auszusetzen. Expositionstherapie nennen wir Psychotherapeuten das. Konkret bedeutete das für Sebastian, dass er sich die Hände auch einmal nicht wusch, bei den Familienmitgliedern nicht mehr darauf bestand oder auch einmal ohne frische Kleidung in die Wohnung ging. Selbst solch kleine Schritte lösten anfangs eine große Anspannung in ihm aus. Doch durch häufiges Üben ließ sie mit der Zeit nach.

Schließlich traute sich Sebastian wieder mehr aus dem Haus und vergrößerte den Radius, in dem er sich wohlfühlte. Zwar wäscht er sich immer noch häufig die Hände, aber auf die anderen Waschrituale kann er mittlerweile verzichten. Und auch seine Familie muss sie nicht mehr durchführen. Das hat auch bewirkt, dass seine Kinder wieder Freunde nach Hause einladen können. Sebastian putzt zwar nach dem Besuch die Wohnung, aber in einem vertretbaren Ausmaß.

Auch dieses Beispiel zeigt, dass eine Verbesserung selbst bei schweren Erkrankungen möglich ist – insbesondere Zwangsstörungen sind oft äußerst langwierig und hartnäckig. Die Erfüllung von Grundbedürfnissen ist dann ein wesentlicher Faktor, der die Patienten bei der Gesundwerdung unterstützt. Bei Sebastian war es vor allem die Freiheit, sich mitzuteilen, zu sagen, was er möchte.

Auch gemeinsames Spielen gehörte zu dieser Freiheit dazu. In einer Stunde haben wir zum Beispiel mit Fingerfarben gemalt. Das war zum einen eine Expositionsübung: sich die

Finger »dreckig« zu machen. Und zum anderen eine Befriedigung des Bedürfnisses nach Spontaneität, Spiel und Spaß, das Sebastian lange nicht ausgelebt hatte.

Übung zum Umgang mit dem freien Ausdruck von Gefühlen

Um auch Sie beim Umgang mit Ihren Kindern zu unterstützen, möchte ich Ihnen wieder eine kleine Imaginationsübung vorstellen. Nehmen Sie sich ein wenig Zeit und erinnern Sie sich bitte an eine für Sie schwierige Situation aus Ihrer Kindheit. Diesmal an eine Situation, in der Sie sich beim freien Ausdruck von Ideen oder auch von Gefühlen nicht gut von Ihren Eltern unterstützt fühlten.

Ein Klassiker, den viele von uns (mich eingeschlossen) kennen, ist der Satz »Ein Indianer kennt keinen Schmerz«, wenn wir uns gerade scheußlich wehgetan haben. Oder auch schnell Dahingesagtes wie »Das hast du jetzt davon«, wenn wir als Kinder unvorsichtig waren und versehentlich ein Spielzeug kaputt gemacht haben. Lassen Sie die damalige Situation so genau wie möglich in Ihrer Erinnerung wiederauferstehen.

Überlegen Sie, welche Reaktion Sie als Kind damals benötigt hätten. Vielleicht wären Rückmeldungen der Eltern wie »Mensch, das tut mir leid, dass das kaputtgegangen ist, ich kann verstehen, dass du traurig bist« hilfreicher gewesen. Oder auch: »Es ist in Ordnung zu weinen, wenn man hingefallen ist.«

Es geht darum, sich am Beispiel der eigenen Person bewusst zu machen, wie wichtig die Unterstützung im Ausdruck der eigenen Emotionen ist. Dann kann man dies auch bei den eigenen Kindern »mitdenken«.

Zu bedenken ist natürlich, dass es beim Thema Freiheit auch gilt, andere Grundbedürfnisse nicht aus dem Auge zu verlieren. Wenn beispielsweise ein Fünfjähriger dem Bedürfnis sich auszuprobieren in der Weise nachkommt, dass er die Axt des Vaters aus dem Schuppen holt und versucht, Holz zu hacken, ist natürlich ein impulsives »Stopp!« – »Lass das fallen!« unerlässlich.

Wenn das Kind dann womöglich anfängt zu weinen, weil es sich über den schreienden Vater erschrocken hat, kann man als Eltern auch das Bedürfnis nach Sicherheit ansprechen. Und zum Beispiel sagen: »Ich kann verstehen, dass du weinst, weil ich laut geworden bin, und das tut mir leid. Ich bin aber laut geworden, weil ich Angst gehabt habe, dass dir etwas passiert.«

Das heißt, man kann zur gleichen Zeit sowohl das Bedürfnis des Kindes nach emotionalem Ausdruck als auch das eigene Bedürfnis nach Sicherheit erfüllen.

4.5. Das Bedürfnis nach Spontaneität und Spiel

Der Wunsch nach Spontaneität, Spaß und Spiel ist mein liebstes Grundbedürfnis. Aus meiner Erfahrung ist es jenes Bedürfnis, das Erwachsene im Laufe ihres Lebens mitunter vergessen oder ihm nicht mehr viel Raum geben. Als Eltern bekommt man jedoch die Chance, diesem Grundbedürfnis gemeinsam mit dem Kind wieder verstärkt nachzugehen.

Es ist wichtig, von Zeit zu Zeit die alltäglichen Aufgaben auch einmal zu unterbrechen, um andere Dinge zuzulassen. Einfach mal ausgelassen sein, bei einer Kissenschlacht herumtoben, gemeinsam in der Wohnung tanzen oder singen, auf dem Spielplatz herumklettern, eine Sandburg bauen, im Wald herumstreifen – es gibt zahllose Beispiele, die diesem Grundbedürfnis Raum geben. Kinder dürfen sich dabei treiben lassen, genießen, ziellos sein. Es darf laut sein und wild. Es geht darum, sich auf den Moment einzulassen.

Nach solchen Unterbrechungen können wir unsere Pflichten immer noch erledigen. Fast immer werden sie uns sogar leichter und schneller von der Hand gehen, weil wir zuvor den Kopf frei bekommen haben. Es ist unschätzbar wichtig, immer mal wieder unbändige Freude gemeinsam mit den Kindern zu erleben. Diese Erfahrung lässt sie zu kreativen und starken Individuen heranreifen.

Insofern hat das Bedürfnis nach Spontaneität, Spaß und Spiel mindestens dieselbe Bedeutung wie die anderen Grundbedürfnisse. Denn wenn ihm nicht genügend entsprochen wird, kann auch das erhebliche Auswirkungen auf die seelische Gesundheit haben. Erläutern möchte ich das wiederum am Beispiel eines Patienten.

Spielen vergeudet nur Zeit! Der Fall von Peter

Der 47-Jährige, der im gehobenen Dienst einer Behörde arbeitet, kam zu mir in die Beratung, da er immense Schwierigkeiten mit seinem 12-jährigen Sohn Fabian hatte. Fabian war ein eher durchschnittlicher Schüler, wie sich während der Grundschulzeit zeigte. Allerdings hatte sich Peter sehr bemüht, seinen Sohn beim Lernen zu unterstützen, damit er den Übergang aufs Gymnasium schaffen konnte. Das entsprach auch dem Wunsch von Fabian, denn seine Freunde wollten ebenfalls aufs Gymnasium gehen.

Die Noten von Fabian blieben allerdings nur mittelmäßig. Für Peter war klar, dass er seinen Sohn weiterhin beim Lernen unterstützen musste. Demzufolge nahm er sich sehr viel Zeit für seinen Sohn, holte ihn direkt nach der Schule ab, hielt nur eine kurze Mittagspause, machte sich dann aber sofort mit ihm an die anstehenden Aufgaben.

Peter lernte mit seinem Sohn Vokabeln, brachte ihm die Bruchrechnung nahe, bereitete mit ihm gemeinsam Referate vor. Und er wurde nicht müde, seinem Sohn klarzumachen, wie wichtig das Lernen ist.

Das führte dazu, dass es für Fabian kaum noch etwas anderes jenseits der Schule gab als das gemeinsame Lernen mit dem Vater. Selbst an Wochenenden. Er war kaum noch auf dem Spielplatz anzutreffen, um mit anderen Kindern Fußball zu spielen, was er eigentlich sehr gern gemacht hatte. Seine geliebte Spielekonsole durfte er nur noch in Ausnahmefällen benutzen – und selbst zu den Geburtstagen von Freunden ging er am Wochenende nicht mehr.

Das hat, wenig überraschend, dazu geführt, dass es zunehmend Streit zwischen Sohn und Vater gab. Fabian wollte sich nicht so stark einschränken lassen, sein Vater hingegen sorgte sich um die Zukunft seines Sohnes. Fabian konnte das in gewisser Weise sogar nachvollziehen, fühlte sich mit seinen Bedürfnissen aber vom Vater nicht ausreichend wahrgenommen. Zumal Peter tatsächlich wenig Verständnis für die Wünsche seines Sohnes hatte, der mehr Zeit mit seinen Freunden verbringen wollte. Peter war jedoch fest davon überzeugt, dass sein Verhalten Fabian gegenüber richtig und angemessen war.

Gemeinsam haben wir dann auf die biografischen Erfahrungen von Peter geschaut. Er erzählte, dass er im Prinzip ebenso erzogen worden sei, wie er heute seinen Sohn erziehe. Allerdings sei es bei ihm noch strenger zugegangen. Er habe nach der Schule zunächst im Haushalt helfen müssen, was sein Sohn heute gar nicht zu tun brauche. Im Anschluss habe er dann seine Schularbeiten machen müssen.

Sein beruflicher Erfolg, sagte er, sei ganz klar auf seinen Fleiß und die Ausdauer beim Lernen zurückzuführen. Seine Eltern hatten ihm vermittelt, dass er in den Schulferien ja genügend Zeit zum Spielen habe. Im Übrigen sei die Schule halt seine Arbeit. Spielen und Freizeit seien nicht notwendig und würden nur von den wichtigen Dingen im Leben ablenken.

Auch hier wird deutlich, dass Peter bei seinem Sohn genau jene Strategien anwendete, die er selbst als Kind von seinen Eltern erfahren hatte. Dem Bedürfnis nach Spontaneität, Spiel und Spaß wurde ganz offensichtlich auch ihm früher nicht stattgegeben.

Als ich Peter dann fragte, wie es denn heutzutage sei, ob es in seinem Leben Raum für Spaß und Freude gebe, erwiderte er, dass er so etwas nicht brauche und auch nicht vermisse. Er werde zwar ab und an von seinen Kollegen gefragt, ob er nicht bei gemeinsamen Unternehmungen dabei sein wolle, er etwa zu einem Fußballspiel ins Stadion mitkomme. Aber dabei würde er sich nicht wohlfühlen, daher habe er das immer abgelehnt. Peter konnte erkennen, dass er in seinem Arbeitsumfeld nicht gut integriert war, sagte aber, dass ihn dies nicht weiter störe.

Daraufhin habe ich Peter das Konzept der Grundbedürfnisse vermittelt. Ihm erklärt, wieso Spontaneität, Spaß und Spiel so enorm wichtig für eine gesunde Kindesentwicklung sind. Auch für das Lernen. Pausen einlegen, sodass das Gehirn sich erholen kann, einfach mal zwischendurch Quatsch machen – das führt dazu, dass wir effektiver lernen und arbeiten können, dass wir leistungsfähiger sind. Es bringt nichts, viele Stunden am Stück zu lernen, da Aufmerksamkeit und Aufnahmefähigkeit nachlassen und der Lernstoff sich nicht nachhaltig im Gehirn verankert.

Dabei sollen aber Spaß und Spiel nicht vor allem dazu dienen, das Lernen effektiver zu machen. Gemeinsam herumzualbern, versunken zu puzzeln oder spontan zum Baden zu fahren – all das stärkt vor allem auch die Verbundenheit zu den Menschen, mit denen wir diese Erlebnisse teilen. Und darüber hinaus fördert es die Kreativität, Geschicklichkeit und Bewegung.

Mit Peter habe ich darüber gesprochen, dass es nachvollziehbar ist, dass er sich aufgrund seiner Erfahrungen in der Kindheit unwohl fühlt, wenn seine Kollegen ihn spontan zu einer Aktivität einladen. Denn er hat ja nie gelernt, Dinge spontan und nur aus Freude zu tun. Insofern muss es sich ungewöhnlich anfühlen für ihn, sich einfach mal Zeit für Dinge zu nehmen, die nichts mit Pflichten zu tun haben.

Ich habe ihm geraten, Angebote seiner Kollegen auch einmal anzunehmen und neue Erfahrungen zu machen. Und ihm als Hausaufgabe mitgegeben, mit seinem Sohn Fußball zu spielen, auf dem Spielplatz zu klettern oder schaukeln oder sich das neuste Spiel auf der Spielekonsole zeigen zu lassen.

Nach und nach konnte Peter nachvollziehen, dass das Bedürfnis nach Spiel, Spontaneität seine Berechtigung hat – und er konnte den Druck auf seinen Sohn reduzieren. Sie haben trotzdem weiterhin gemeinsam gelernt, und Fabian hat schließlich auch den Übergang aufs Gymnasium geschafft. Aber die Streitigkeiten wurden weniger, weil Peter nicht mehr so verbissen war und einsehen konnte, dass Pausen, Zeit für Ausgelassenheit und Spiel ebenso wichtig sind wie das Lernen selbst.

Dass bei Peter dieses Grundbedürfnis in der Kindheit nicht ausreichend erfüllt wurde, hat sein Leben und das seines Sohnes zwar stark beeinflusst, aber zumindest wurde er nicht krank dadurch. Aber auch das hätte ihm passieren können – oder seinem Sohn, wenn sie so weitergemacht hätten.

Zu viel Verantwortung. Der Fall von Gabriele

Schlimmer ist es Gabriele ergangen, einer 42-jährigen Krankenschwester, die aufgrund unklarer Beschwerden zu mir kam. Vor allem plagten sie diffuse Schmerzen, Übelkeit und Schwindel, die schon seit mehr als zwei Jahren anhielten. Gabriele hatte schon diverse Ärzte aufgesucht, aber niemand konnte eine körperliche Ursache für die Symptome finden. Sie hat dann bei mir eine Psychotherapie begonnen.

Wir haben zunächst geschaut, wann und in welchen Situationen die Schmerzen auftreten. Das geschah hauptsächlich in emotional schwierigen Situationen, etwa bei Konflikten mit ihrem Partner oder wenn sie sich im Krankenhaus überfordert fühlte. Anschließend haben wir ergründet, was die Beschwerden verändert, was sie verschlimmert oder eben auch verbessert. Während es Gabriele mit zunehmendem Druck noch schlechter ging, halfen ihr vor allem Kontakte zu engen Freundinnen oder entspannte Filmabende.

Schließlich haben wir gemeinsam versucht herauszufinden, ab wann die körperlichen Beschwerden aufgetreten sind. Sie reichten weit zurück, denn Gabriele berichtete, dass sie schon als Jugendliche unter Unterleibskrämpfen und Rückenschmerzen gelitten hatte. Was konnte der Grund dafür sein? Gabriele war das älteste von vier Kindern. Ihr Vater war Monteur und die Woche über nicht daheim. Die Mutter arbeitete ebenfalls als Krankenschwester, zeitweise sogar im Schichtdienst. Sie entwickelte eine Depression, und als älteste Schwester übernahm Gabriele viele Aufgaben der Mutter. Sie war gerade erst elf Jahre alt, als sie begann, für die jüngeren Geschwister zu kochen. Zuvor holte sie sie oftmals vom Kindergarten ab. Letztlich kümmerte sie sich um einen Großteil des Haushalts.

Gabriele übernahm also als Kind Aufgaben von Erwachsenen, darunter viele typische Elternfunktionen. Das überforderte sie selbstverständlich massiv. Für Spielen mit ihren Freundinnen hatte sie keine Zeit, immer war gerade etwas anderes wichtiger. Eine unerbittliche Stimme in ihr vermittelte ihr, dass sie für das Wohl ihrer Geschwister verantwortlich sei. Die Entbehrungen, die sie dadurch hinnahm, haben sie sich oft einsam und hilflos fühlen lassen. Die einzige Möglichkeit, der Situation zeitweise zu entkommen, war, krank zu werden. Denn dann hatte sie einen Grund, auch einmal weniger oder nichts tun zu dürfen, den ihr Umfeld anerkannte.

Die körperlichen Beschwerden waren das rettende Korsett, das sie sich selbst gegeben hat. Krank zu sein war zwar schlimm, aber immer noch besser, als ständig weiterarbeiten zu müssen. Die Schmerzen hatten, so seltsam es klingen mag, für Gabriele also einen Vorteil, weswegen sie damit die familiäre Situation auch halbwegs ertragen konnte und nicht völlig zusammenbrach.

Im Rahmen der Therapie haben wir zum einen Botschaften gegen die unerbittliche Stimme gesammelt, sodass Gabriele erfahren konnte, dass sie nicht für alles verantwortlich gewesen ist. Die unerbittliche Stimme sagte beispielsweise: »Du bist für das Wohl der anderen zuständig, was du selbst möchtest, ist nicht wichtig.« Die neue Botschaft war dann: »Ich bin wichtig« und »Ich bin nicht für das Wohl meiner Eltern und meiner Geschwister verantwortlich« oder auch »Ich kann Menschen, die mir wichtig sind, helfen, ohne die Verantwortung für diese Menschen zu übernehmen.«

Zum anderen haben wir gespielt, was auch mit Erwachsenen eine sehr wirksame Methode im Rahmen einer Psychotherapie sein kann. Beispielsweise bin ich mit Gabriele auf einen Spielplatz gegangen und habe gemeinsam mit ihr geschaukelt. Es mag auf den ersten Blick seltsam erscheinen, wenn der Therapeut mit seinen Patienten spielt, hat aber eine wichtige Funktion. Und die Patienten nehmen das gerne an. So erinnere ich mich zum Beispiel noch daran, dass ich als Gruppentherapeut mit meiner Co-Therapeutin und einer Patientengruppe Beachvolleyball und Wikingerschach gespielt habe.

Gabriele hat das Schaukeln letztlich sehr wertgeschätzt. Anders bei mir: Ich habe in der Kindheit häufig geschaukelt, aber als Erwachsener machte es mir deutlich weniger Freude; ich muss gestehen, dass mir sogar ein wenig übel wurde.

Übung zu Spontaneität und Spiel

Auch zu diesem Grundbedürfnis gibt es zahlreiche Übungen. Letztlich geht es nur darum, ausgelassen mit Ihrem Kind zu spielen – auf welche Weise auch immer. Haben Sie ein Kleinkind, so schlage ich Folgendes vor: Praktisch jedes kleine Kind hat Lust zu matschen. Spielen Sie doch einmal selbst mit Ihrem Sohn oder Ihrer Tochter im Matsch – meist muss man ja nicht lange auf den dazu notwendigen Regen warten. Aber spielen Sie richtig mit, bauen Sie einen Staudamm am Bachlauf oder formen sie Pyramiden aus Matsch und Sand. Sie sollten am Ende mindestens genauso nass und dreckig sein wie Ihr Kind. Und genieren Sie sich nicht vor den Blicken anderer Erwachsener, insgeheim beneiden die meisten Sie um Ihre Unbefangenheit.

Wenn Ihr schon etwas älteres Kind Lust hat, mit Ihnen ein Computerspiel zu spielen, dann lassen Sie sich dieses Spiel erklären. Begeben Sie sich auf Augenhöhe, werden Sie zum gleichberechtigten Mitspieler, nicht zum Erklärer. Oder spielen Sie schlicht mit Fußball, Fangen oder Verstecken. Malen Sie Bilder, basteln Sie Collagen. Oder legen Sie einfach nur eine Matratze aufs Sofa und bauen eine Rutsche im Wohnzimmer. Ausgelassenes Spielen ist für die Entwicklung von Kindern äußerst wichtig – und auch in Ihnen steckt das Bedürfnis nach Spiel und Spontaneität. Glauben Sie mir, je häufiger und aktiver Sie bei solchen Spielen dabei sind, desto mehr Freude haben auch Sie im Leben.

5. Was einen »gesunden Erwachsenen« auszeichnet

Was ist nun ein »gesunder Erwachsener«, so wie ich ihn verstehe? Eine solche Mutter und ein solcher Vater haben bestimmte Persönlichkeitsmerkmale: Sie wissen um ihren eigenen Wert als Eltern. Sie kennen ihre Bedürfnisse. Sie wissen aber auch um die Bedürfnisse ihrer Kinder. Wissen, wann sie zurücktreten müssen, um für die Bedürfnisse ihrer Kinder da zu sein, sich angemessen um sie zu kümmern.

Der »gesunde Erwachsene« ist jener Teil der Persönlichkeit in uns, der uns hilft, unsere Kinder zu Menschen zu erziehen, die ein selbstbestimmtes und erfülltes Leben führen können. Es ist der Teil in uns, der die Bedürfnisse unserer Kinder erkennt, sie ernst nimmt und sie – so weit wie möglich – befriedigt. Etwa das Bedürfnis nach sicherer Bindung. Das nach Spontaneität und Spiel. Das nach Entwicklung von Eigenständigkeit. Was allerdings nicht bedeutet, dass wir unseren Kindern jeden Wunsch von den Lippen ablesen sollten. Es bedeutet vielmehr auch, Halt zu geben und realistische Grenzen zu setzen.

In den vergangenen Kapiteln haben Sie Ihre fünf emotionalen Grundbedürfnisse kennengelernt. Sie haben wesentliche Modi entdeckt, also jeweilige Persönlichkeitszustände mit den dafür typischen Verhaltensweisen. Und Sie haben ein Gefühl dafür bekommen, wie die Erfüllung oder auch Nichterfüllung Ihrer Grundbedürfnisse durch Ihre Eltern oder andere Bezugspersonen in der Kindheit Einfluss auf Ihr Verhalten und Ihre Persönlichkeit haben.

Vermutlich haben Sie dieses Buch zur Hand genommen, um sich selbst besser kennenzulernen. Das zeigt, dass Sie bereits große Anteile eines »gesunden Erwachsenen« in sich haben. Wenn Sie sich nun dieser Stärke bewusst werden, ebenso wie Ihren »emotionalen Sollbruchstellen«, dann wird es Ihnen gelingen, sich in schwierigen Erziehungssituationen anders zu verhalten und auf die Bedürfnisse Ihres Kindes einzugehen. So unterstützen Sie Ihre Kinder dabei, zu selbstbewussten, zufriedenen und toleranten Erwachsenen zu werden.

Erinnern Sie sich noch an Robert, den Vater, der angesichts des ausführlichen Abschiedsrituals im Kindergarten in Rage geriet? Er wurde wütend, weil in ihm selbst in dem Moment eine gefühlsbeladene Erinnerung an seine Kindheit aktiviert wurde. Er selbst wurde als Kind oftmals in andere Hände gegeben, ohne dass auf sein Empfinden sonderlich Rücksicht genommen wurde. Nachdem er diesen Zusammenhang erkannt hatte, wurde ihm klar, dass er sich seinem Sohn gegenüber nicht angemessen verhalten hatte. Er konnte von nun an gelassener auf das Verhalten seines Sohnes reagieren – weil er den Anteil des »gesunden Erwachsenen« erkannt und gestärkt hatte. Dadurch strahlte er eine Sicherheit aus, die sich auch auf seinen Sohn übertrug. Die Übergabe im Kindergarten ist seither viel harmonischer für beide Seiten verlaufen.

Übung zum »gesunden Erwachsenen«

Die folgende Übung kann Ihnen dabei helfen, Ihre eigenen emotionalen Sollbruchstellen zu erkennen. Und Sie kann verhindern, dass diese Wunden Ihre Erziehung negativ beeinflussen.

Nehmen Sie sich mindestens eine halbe Stunde Zeit und setzen Sie sich an einen ruhigen Ort. Vielleicht mit einer Tasse Tee und einer warmen Decke, sodass Sie sich wohlfühlen und geborgen. Wichtig ist es, nicht gestört zu werden.

Atmen Sie zwei oder drei Mal tief ein und langsam wieder aus. Vergegenwärtigen Sie sich, dass Sie nun Zeit haben, etwas ganz allein für sich zu tun. Nach einigen Minuten wird sich ein Gefühl von Ruhe und Geborgenheit einstellen. Erinnern Sie sich dann an eine Situation aus der jüngeren Vergangenheit, in der Sie mit Ihrer Erziehung nicht zufrieden gewesen sind. Begeben Sie sich in Ihren Gedanken, vor Ihrem inneren Auge, in diese Situation zurück. Stellen Sie sich die Situation intensiv vor. Nehmen Sie dabei eine Beobachterposition ein: Schauen Sie, was passiert und wann es passiert. Und wenn es dann zu der für Sie schwierigen Situation kommt: Halten Sie dieses innere Bild fest. Und spüren Sie, welche körperlichen Empfindungen dabei auftreten.

Viele unserer emotionalen Wahrnehmungen haben auch eine körperliche Entsprechung. Wir alle kennen das Gefühl, vor Angst keine Luft zu kriegen, vor Scham einen Kloß im Hals zu haben oder auch vor Wut zu zittern. Diese körperlichen Empfindungen helfen uns, den Ursprung der jeweiligen Emotionen wahrzunehmen.

Begeben Sie sich nun erneut in die für Sie schwierige Situation zurück. Stellen Sie sich diese nochmal vor dem inneren Auge vor, so detailliert wie möglich. Beobachten Sie dann Ihr

Körpergefühl. Lassen Sie die Empfindungen ganz nah an sich heran. Und begeben Sie sich damit auf eine Reise in Ihre Vergangenheit.

Lassen Sie die schwierige Situation mit Ihrem Kind hinter sich. Nehmen Sie nur noch das Körpergefühl wahr. Beobachten Sie nun, welche Bilder aus Ihrer eigenen Vergangenheit als Kind gemeinsam mit diesem Körpergefühl entstehen. Aber vermeiden Sie bitte, diese zu bewerten.

Möglicherweise taucht eine Vielzahl von Bildern auf. Oder aber es ist immer wieder eine spezielle Situation, die Sie wahrnehmen. In manchen Fällen entstehen vielleicht gar keine Bilder, das ist auch nicht schlimm. Denn Sie können diese Übung beliebig häufig wiederholen.

Nehmen wir nun an, es tauchen Bilder aus Ihrer eigenen Vergangenheit auf, die Ihnen ein Körpergefühl vermitteln wie bei der heutigen, für sie unbefriedigenden Erziehungssituation. Dann schreiben Sie diese bitte auf ein Blatt Papier. So detailliert wie möglich. Nehmen Sie sich genügend Zeit dazu. Versuchen Sie die Situation von damals zu verstehen. Überlegen Sie: Wer war damals noch anwesend? Wo waren Ihre Eltern? Wo waren die Personen, die Sie gebraucht hätten? Was hätten Sie damals benötigt?

Haben Sie das aufgeschrieben, können Sie sich fragen: Was hätte mir damals geholfen? Hätte ich Unterstützung gebraucht? Hätte es für mich vielleicht eine klare Grenze geben müssen? Hätten die Menschen, die damals dabei waren, nachsichtiger sein sollen, nicht so streng?

Denken Sie noch einmal intensiv darüber nach, was genau Sie in der damaligen Situation benötigt hätten. Gut möglich, dass sich dann eine konkrete Vorstellung von dem herausbildet, was Ihr damaliges Bedürfnis befriedigt hätte. Falls Sie

Ihre Gedanken am Schreibtisch aufgeschrieben haben, gehen Sie wieder zurück an den Platz, an dem Sie diese Übung begonnen haben.

Vergegenwärtigen Sie sich nun erneut die schwierige Situation in Ihrer Kindheit. Stellen Sie sich diese so detailliert vor, wie es Ihnen möglich ist. Vielleicht können Sie sich an einige Details erinnern. Wie war das Wetter? Waren womöglich noch andere Personen anwesend, als Ihnen zunächst eingefallen sind? Können Sie sich vielleicht sogar an die Kleidung oder an die Frisuren der Anwesenden erinnern? Je lebendiger das Bild in Ihrem Kopf wird, desto effektiver ist die Übung.

Sie sind nun ganz in der Situation von früher. In einer Situation, in der Sie mehr Unterstützung, mehr Freiraum oder vielleicht auch Begrenzung gebraucht hätten. Jetzt stellen Sie sich vor, dass Ihr »gesunder Erwachsener«, Ihr jetziges erwachsenes Ich, diese innere Szene betritt. Das mag im ersten Moment seltsam klingen. Es ist aber eine sehr effektive Möglichkeit, mit schwierigen emotionalen Zuständen nach und nach besser umzugehen.

Sie stehen nun auf der Bühne der Vergangenheit. Und zwar als heutiger erwachsener Vater oder als erwachsene Mutter. Als Person, die in vielen Situationen des Lebens heute hervorragend zurechtkommt.

Dieser »gesunde Erwachsene« kann nun auf die unerfüllten Bedürfnisse Ihres kindlichen Ichs in der Vergangenheit reagieren, sie ansprechen und auch erfüllen.

Stellen Sie sich vor, wie Sie die Situation verändern würden, damit es damals hilfreich für die Bedürfnisse Ihres »unversorgten Kindes« gewesen wäre. Sodass es sich sicher und geborgen hätte fühlen können. Oder auch dass es notwendige Grenzen aufgezeigt bekommen hätte.

Wichtig ist zu verstehen, dass diese Übung selbstverständlich nicht die Vergangenheit verändern kann. Aber sie vermag Ihnen dabei zu helfen, Ihre emotionalen Zustände besser zu verstehen. Das wiederum führt dazu, dass Ihre früheren Gefühlszustände weniger Einfluss auf Ihren heutigen Umgang mit Ihren Kindern haben.

Für diese Übung steht Ihnen das gesamte Spektrum Ihrer Fantasie zur Verfügung. Seien Sie mutig, verändern Sie die Bilder Ihrer Erinnerungen so, dass die Bedürfnisse Ihres »unversorgten Kindes« angesprochen und erfüllt werden. Nehmen Sie sich Zeit dafür, stellen Sie sich die veränderte Situation möglichst intensiv und lebendig vor. Vielleicht kommt Ihnen dabei ein Schmunzeln über die Lippen, vielleicht müssen Sie sogar lauthals lachen. Gut so! Je deutlicher sich Ihr emotionaler Zustand ändert, desto effektiver ist die Übung.

Jetzt können Sie auch überprüfen, ob die imaginierte Veränderung der Vergangenheit auch zu einer Veränderung im Hier und Jetzt führt. Stellen Sie sich erneut die schwierige Situation mit Ihrem Kind vor. Beobachten Sie, ob es durch die veränderten Bilder in der Vergangenheit auch zu einer veränderten emotionalen Reaktion bei Ihnen kommt: Sind Ihre Gefühle in der schwierigen Situation vielleicht weniger intensiv, nicht so aufbrausend? Reagiert Ihr Körper womöglich anders, nicht so angespannt?

Sollte das der Fall sein, dann haben Sie gerade eine wichtige Erfahrung gemacht. Dass nämlich die Auseinandersetzung mit eigenen biografischen Erlebnissen dazu führen kann, eine größere emotionale Distanz zu aktuell schwierigen Ereignissen zu erhalten.

Distanz ist in diesem Fall nichts Negatives. Im Gegenteil: Sie ermöglicht es zu überprüfen, ob Ihre Gefühle in dieser schwierigen Situation angemessen sind. Oder ob Ihr emotionales Erleben eine Folge Ihrer eigenen unerfüllten kindlichen Grundbedürfnisse ist. Diese Perspektive von außen hilft Ihnen, die Bedürfnisse Ihres Kindes zu erkennen und Ihr Verhalten dem anzupassen.

Es gibt allerdings ein Problem mit Bedürfnissen: Die Bedürfnisse unserer Kinder und unsere eigenen laufen nicht immer parallel. Hinzu kommt, dass Säuglinge und Kleinkinder bis zu einem gewissen Alter kaum eines ihrer Bedürfnisse selbst erfüllen können. In dem Fall ist es unsere Aufgabe als Eltern, diese zu erkennen und unser Verhalten den Bedürfnissen des Kindes anzupassen.

Was aber ist dann mit unseren eigenen Bedürfnissen? Unser Bedürfnis nach Ruhe, nach Schlaf, nach Partnerschaft, nach unserem Hobby lässt sich oftmals nur schwer in Einklang bringen mit den Bedürfnissen unserer Kinder nach Aufmerksamkeit, nach Grenzen, nach Liebe und Zuneigung. Eine klassische Bedürfniskollision. So braucht beispielsweise ein Säugling sehr viel Zuwendung, weil er gerade fiebert, aber Sie selbst sehnen sich danach, auf dem Sofa die Beine hochzulegen, weil Sie an diesem Tag schon bei der Kinderärztin waren, eingekauft haben und zigmal Streit der großen Geschwister geschlichtet haben. Solche Bedürfniskollisionen sind eines der größten Probleme, die zwangsläufig immer wieder im Zusammenleben mit unseren Kindern auftreten.

Zum Glück haben wir als Erwachsene einen wesentlichen Vorteil gegenüber unseren Kindern. Wir haben es gelernt, Bedürfnisse aufzuschieben, spätestens seitdem wir Eltern sind. Das bedeutet jedoch nicht, dass wir uns sagen sollten, dass die eigenen Bedürfnisse unwichtig sind. Dies wäre ein Gedanke der »unerbittlichen Stimme«.

Bedürfnisaufschub bedeutet vielmehr, sich seiner Bedürfnisse und auch ihrer Notwendigkeit bewusst zu sein. Wenn wir uns klar darüber werden, dass unsere Bedürfnisse völlig berechtigt und auch wichtig sind, dann sind wir auch in der Lage, diese Bedürfnisse zu befriedigen. Vielleicht nicht vollständig, aber doch zumindest teilweise. Sicherlich auch nicht sofort, aber in absehbarer Zeit. Das bringt zwar einige Herausforderungen in der Organisation des Alltags mit sich, lässt sich aber umsetzen, wenn wir uns vergegenwärtigen, dass unsere Bedürfnisse als Erwachsene auch ihre Daseinsberechtigung haben. Und dass wir unseren Kindern keine guten Vorbilder sind, wenn wir uns nicht um uns selbst kümmern.

Damit habe ich eine weitere Fertigkeit eines »gesunden Erwachsenen« angesprochen: die Bedürfnisfrustration. Das klingt erst einmal negativ. Es meint aber die Fähigkeit, nachvollziehen zu können, dass unsere eigenen Bedürfnisse für einen gewissen Zeitraum nicht erfüllt werden können, da die Bedürfnisse unserer Kinder gerade dringlicher sind. Wir als Erwachsene wissen, dass es nur ein gutes soziales Miteinander geben kann, wenn nicht immer unsere eigenen Bedürfnisse das Maß der Dinge sind. Die eigenen Wünsche zurückstellen und Kompromisse eingehen, gehören zu einem gelungenen Leben dazu. Entscheidend ist es, eine gesunde Balance zu finden. Das ist nicht immer ganz einfach.

Beruhigend ist: Selbst wenn uns Eltern früher nicht alle emotionalen Grundbedürfnisse erfüllt wurden, so können wir dennoch unsere Kinder ihren Bedürfnissen gemäß erziehen. Womöglich waren uns unsere eigenen emotionalen Fallstricke über lange Zeit gar nicht bewusst. Vielleicht haben sie auch erst im Verlauf unserer eigenen Elternschaft plötzlich eine Bedeutung bekommen, die vorher nicht abzusehen war.

Sicherheit geben. Der Fall von Marlene

Dass wir unseren Kindern auch Bedürfnisse erfüllen können, die für uns selbst in unserer Kindheit unerfüllt geblieben sind, möchte ich am Grundbedürfnis nach Bindung, nach Stabilität, nach Sicherheit erläutern. Und zwar am Beispiel von Marlene, einer 38-jährigen freien Fotografin, die in der DDR aufgewachsen ist. Sie hatte einen festen Partner und eine vierjährige Tochter. In meine Ambulanz kam sie, weil sie seit längerer Zeit erhebliche Schlafstörungen hatte und sich tagsüber kaum noch auf ihre Arbeit konzentrieren konnte.

Als wir über ihre Vorgeschichte sprachen, stellte sich heraus, dass sie vor ihrer Schwangerschaft keine Schlafprobleme hatte. Nachdem ihre Tochter geboren wurde, konnte sie, wie viele Frauen in dieser Lebenssituation, zunächst schlecht durchschlafen. Im Verlauf des ersten Jahres besserte sich das aber deutlich, Mutter und Tochter schliefen nun durch. Marlene kümmerte sich auch gut um ihre Tochter, die beiden hatten zudem eine enge emotionale Bindung.

Als das Mädchen mit drei Jahren in den Kindergarten gehen sollte, entwickelte Marlene wieder Schlafstörungen. Dass es einen Zusammenhang ihres schlechten Schlafs mit dem Übergang der Tochter in den Kindergarten geben könnte, war Marlene anfangs nicht klar. Es stellte sich jedoch heraus, dass Marlene sehr angespannt war, während ihre Tochter im Kindergarten war. Sie empfand diese Zeit nicht etwa als entlastend, sondern sie fühlte sich eher belastet.

Warum war das so? Um den Ursachen auf die Spur zu kommen, habe ich im Zuge der Therapie einige Imaginationsübungen mit Marlene gemacht. In einer dieser Übungen konnten wir einen Durchbruch erreichen. Ähnlich wie Sie es gerade in der Übung gemacht haben, hatte ich Marlene gebeten, sich eine schwierige Situation mit ihrer Tochter vorzustellen und ihr Körpergefühl auf eine Situation zu fokussieren, in der sie ihre Tochter abgegeben hat.

Marlene berichtete von einem extremen Gefühl von Unruhe, von Druck auf der Brust und Unwohlsein. Als ich sie fragte, welche Erinnerungen mit diesem Gefühl in Verbindung standen, erinnerte sie sich an eine Situation, als sie im Kindergartenalter war und am Fenster auf ihre Eltern gewartet hatte. Ihre Eltern waren kurz zuvor ohne sie aus der ehemaligen DDR in den Westen geflohen. Sie hatten Marlene bei den Großeltern untergebracht. Über Wochen hinweg erfuhr Marlene damals immer wieder diesen Zustand der Anspannung, wenn sie im Kindergarten auf ihre Eltern wartete, die aber nie kamen.

Dieses Gefühl wurde nun reaktualisiert, es lebte also für Marlene wieder auf in jenen Momenten, in denen sie ihre Tochter in den Kindergarten gab. Um den emotionalen Einfluss dieses Bildes aus der Vergangenheit auf die aktuelle Lebenssituation zu reduzieren, haben wir das Bild verändert. In der Imagination konnte Marlene ihre Eltern mit der Situation des Zurückgelassenseins konfrontieren.

Sie stellte sich vor, als heutige gesunde Erwachsene in die Vergangenheit zu reisen und ihren Eltern zu sagen, welches Leid sie dem kleinen Mädchen damals zugefügt hatten. Zudem konnte sie sich innerlich ihrem von den Eltern nicht ausreichend versorgten Persönlichkeitsanteil zuwenden und diesen trösten. Das führte dazu, dass sich Marlenes Anspannung und ihr innerer Druck reduzierten.

Marlene hatte also in ihrer Kindheit eine traumatische Bindungserfahrung gemacht. Sie wuchs als Baby zwar zunächst gemeinsam mit ihren Eltern auf, doch diese ließen ihre kleine

Tochter, ohne dass diese dies verstehen konnte, bei den Großeltern zurück. Erst als Marlene im Grundschulalter war, kamen die Eltern zurück in den Osten und die Familie war wieder vereint. Dieser früh im Leben vollzogene überraschende Bruch zu den engsten Bezugspersonen, den Eltern, hatte bei Marlene dazu geführt, dass sie ein permanentes Gefühl von Unsicherheit mit sich trug.

Der Zusammenhang zwischen dem Unwohlsein von Marlene als allein gelassenes Kind und ihr Unwohlsein beim Abgeben der Tochter, die sie ja nur für kürzere Zeit in den Kindergarten gibt, mag nicht sofort auf der Hand liegen. Ihr Gefühl der Unsicherheit, der Angst und Angespanntheit resultierte auch nicht direkt daraus, dass sie ihre Tochter abgab. Marlene hatte vielmehr Angst, dass ihre eigene Tochter sich alleingelassen fühlen könnte, obwohl das gar nicht der Fall war.

Nachdem ihr dieser Zusammenhang deutlich wurde, vermochte Marlene besser mit der Trennungssituation umzugehen. Sie konnte nun die eigene gute Bindung zu ihrer Tochter wertschätzen. Und auch ihre Schlafprobleme besserten sich nach und nach deutlich.

Die positive Botschaft dieses Beispiels ist: Selbst wenn wir als Eltern nicht mit genügend Sicherheit aufgewachsen sind, so haben wir trotzdem die Möglichkeit, unseren Kindern genügend Sicherheit zu vermitteln. Marlene selbst hatte keine ausreichende Sicherheit in der Beziehung zu ihren Eltern, aber ihr gelang es, eine intensive Bindung zu ihrer Tochter aufzubauen. Sie konnte ihre Tochter schließlich mit einem guten Gefühl in den Kindergarten bringen.

Sicherlich, Menschen wie Marlene fällt so etwas schwerer als Menschen, die mit sicheren Bindungserfahrungen aufgewachsen sind, aber es ist trotzdem möglich. Manchen

Menschen mit einer ähnlichen Biografie mag das von allein gelingen, aber in vielen Fällen ist eine Therapie sehr hilfreich, um solchen im Verborgenen liegenden Mustern auf die Spur zu kommen.

Zusammenfassend möchte ich noch einmal in Kurzform beschreiben, was den Anteil des »gesunden Erwachsenen« in uns ausmacht. Wenn wir als gesunde Erwachsene handeln, dann …

- … sind wir unseren Mitmenschen ein achtsames und mitfühlendes Gegenüber.
- … haben wir die Fähigkeit, uns auf die aktuelle Wirklichkeit einzulassen – und können sie von der »inneren Wirklichkeit« unterscheiden.
- … können wir unterscheiden zwischen Emotionen, die durch tatsächliche Bedrohungen ausgelöst werden, und solchen, die durch eine gefühlte, aber nicht wirklich vorhandene Bedrohung ausgelöst werden. Insofern können wir ungute Bewältigungsmuster erkennen und nach Handlungsalternativen suchen. Mit einem liebevoll-vernünftigen Blick auf uns selbst gelingt es uns, flexibel verschiedene Strategien im Umgang mit Problemen einzusetzen.
- … gelingt es uns, auf Emotionen, die durch gefühlte Bedrohungen ausgelöst werden, zunächst nicht zu reagieren, diese Gefühle aber vor dem Hintergrund leidvoller biografischer Situationen als nachvollziehbare Reaktion anzuerkennen.
- … können wir die Grenzen des Machbaren anerkennen und Enttäuschungen mit all den dazugehörigen unangenehmen Gefühlen annehmen.

- … und gelingt es uns zu spüren, welche Tätigkeiten uns mit Lebendigkeit erfüllen. Wir tun etwas für uns selbst und für unseren Genuss.

6. Warum wir als Eltern fehlbar sein dürfen – und es manchmal sogar sein sollten

Eine der wichtigsten Fertigkeiten bei der Erziehung ist für uns Eltern – das ist bis hierhin sicherlich deutlich geworden –, die emotionalen Grundbedürfnisse unserer Kinder möglichst gut zu erfüllen. Das hört sich einfach an, hat aber seine Tücken. Denn die Grundbedürfnisse sind teilweise widerstrebend: Wenn Sie das Bedürfnis nach Autonomie bei Ihrem Kind erfüllen wollen, müssen Sie zwangsläufig Abstriche machen beim Bedürfnis nach realistischen Grenzen. Und wenn Sie dem Bedürfnis Ihres Kindes nach realistischen Grenzen nachkommen, wird das nicht ohne Einschränkung der kindlichen Autonomie gelingen. Wir müssen immer wieder verschiedene Bedürfnisse gegeneinander abwägen und entscheiden, was für unsere Kinder und uns gerade wichtiger erscheint.

Das führt zwangsläufig dazu, dass das Pendel dann und wann zu stark in eine Richtung ausschlägt, dass wir also ein Bedürfnis vernachlässigen. Oder, anders gesagt, dass wir immer mal wieder Fehler bei der Erziehung machen. Aber Fehler sind ohnehin nicht etwas, was unbedingt und immer vermieden werden sollte. Das wäre auch gar nicht möglich. Sie kennen vielleicht den schönen Aphorismus: »Wer arbeitet, macht Fehler. Wer viel arbeitet, macht mehr Fehler. Nur wer die Hände in den Schoß legt, macht gar keine Fehler.« Das gilt auch für die Erziehung. Fehler sind absolut normal. Und mehr noch: Sie sind aus meiner Sicht sogar eminent wichtig.

Das mag auf den ersten Blick erstaunlich klingen. Bei näherer Betrachtung ist es das allerdings nicht. Und zwar, weil eine jener Fähigkeiten, die unsere Kinder lernen sollten, ein guter Umgang mit Fehlern ist. Oder nennen wir es: Fehlerkultur. Also zu lernen, dass Fehler zum Leben dazugehören. Dass sie nicht unter den Tisch gekehrt gehören. Und wie man sich verhalten sollte, wenn man etwas falsch gemacht hat.

Kein Kind weiß das von Geburt an, es gibt kein spezielles Fehler-Gen, was ihm sagen würde, wie mit Missgeschicken umzugehen ist. Die einzige Möglichkeit, das zu erlernen, ist das Lernen am Vorbild. Und das maßgebliche Vorbild sind nun mal wir, die Eltern. Das bedeutet, dass wir eine große Verantwortung dafür tragen, wie wir mit unseren eigenen Fehlern umgehen, vor allem jenen in der Erziehung. Auch aus meiner persönlichen Erfahrung rate ich Ihnen dringend, Fehler, die Sie machen (und das wird unweigerlich immer wieder mal passieren) anzuerkennen – und sich bei Ihren Kindern für diese Fehler auch zu entschuldigen.

Um es einmal an einem einfachen Beispiel zu erläutern: Sie hatten einen stressigen Arbeitstag und tragen immer noch Groll auf einen Kollegen oder Vorgesetzten mit sich herum. Eigentlich bräuchten Sie jetzt Ruhe – oder auch einen Boxsack, um sich abzureagieren. Daheim aber wartet schon Ihre Tochter, kaum dass Sie die Haustür hinter sich zugemacht haben, mit der Aufforderung, ihr bei diesem komplizierten Pferdepuzzle zu helfen. Dazu haben Sie verständlicherweise überhaupt keine Lust. Aber die Kleine lässt nicht locker, redet permanent auf Sie ein. Bis Ihnen die Hutschnur platzt, Sie rumbrüllen und Ihre Tochter aufs Zimmer verbannen.

Klar, Sie wissen, das war eine Überreaktion, aus Ihrem eigenen Frust heraus. Sie wissen, dass Sie zu heftig reagiert haben, weil Sie noch keine Distanz zu ihrem eigenen miesen Arbeitstag gefunden hatten. Sie wissen intuitiv auch, dass Sie sich ungerecht Ihrer Tochter gegenüber verhalten haben.

Was können Sie dann tun? Ich empfehle Ihnen, erst einige Male tief durchzuatmen, um selbst aus dieser emotional angespannten Situation herauszukommen. Dann ist es wichtig, auf Ihr Kind zuzugehen Nuscheln Sie nicht nur lapidar etwas wie »Tut mir leid«, sondern sagen Sie offen, dass Sie sich gerade falsch verhalten haben. Und erklären Sie auch, wie es dazu gekommen ist. Natürlich nicht langatmig, aber vielleicht mit einem Satz wie: »Ich habe mich im Büro heute so sehr geärgert, dass ich den Ärger noch mit nach Hause gebracht und an dir ausgelassen habe. Dafür möchte ich mich entschuldigen – ich arbeite daran, dass ich meinen Ärger in Zukunft nicht mehr mit nach Hause bringe.«

Auf diese Art und Weise kann man sich schon bei Kindergarten- oder Grundschulkindern entschuldigen. Selbst wenn diese noch keine konkrete Vorstellung davon haben, was im Büro vor sich geht, können sie sehr wohl den Kontext des Gesagten erfassen: dass ihr Vater oder ihre Mutter Ärger gehabt haben und diese Ärgerlichkeit ungerechtfertigterweise auf sie übertragen haben.

Womöglich denken Sie jetzt: »Das kommt mir aber seltsam vor, mich bei meinem Kind wegen einer solchen Lappalie zu entschuldigen« oder »Das habe ich nicht nötig, mich bei meinem Kind zu entschuldigen«. Doch was wäre die Alternative?

Gehen Sie einfach schweigsam über die Situation hinweg und kommen solche Situationen häufiger vor, dann verhalten Sie sich aus der Sicht Ihres Kindes ungerecht und unvorhersehbar. Oftmals beziehen Kinder in solchen Situationen das elterliche Fehlverhalten auf sich und denken, sie hätten etwas falsch gemacht – was natürlich jeder Grundlage entbehrt. Langfristig können solche Schuldgefühle dem Kind große Probleme bereiten.

Es gibt also gute Gründe, weshalb es sinnvoll ist, Fehler einzugestehen: Damit unsere Kinder zum einen direkt erfahren, dass sie selbst nichts falsch gemacht haben, sie zum anderen aber auch lernen, wie man angemessen mit Fehlern umgeht. Dass es wichtig ist, Fehler nicht totzuschweigen. Auf diese Weise geben wir unseren Kindern die Möglichkeit, an unserem eigenen Beispiel zu lernen und daran zu wachsen.

Wenn die Kinder dann älter werden, kommt unweigerlich die Phase, in der wir erkennen müssen, dass unser Nachwuchs selbstständiger wird. Dann gilt es, den richtigen Zeitpunkt zu finden, um auf die eigenständige Entwicklung der Kinder zu vertrauen, sie machen zu lassen und auch eines Tages ziehen zu lassen.

Das fällt insbesondere Eltern schwer, die unbefriedigte kindliche Bedürfnisse in sich tragen, weil sie in der Kindheit vernachlässigt oder zu streng behandelt worden sind. Sie konnten dann mitunter selbst nicht erfahren, was es heißt, autonom zu handeln – und haben daher ein stetiges Unsicherheitsgefühl. Das verstärkt sich oftmals, wenn die eigenen Kinder mehr und mehr den Weg in die Selbstständigkeit finden wollen.

Es gibt sicherlich keinen einheitlichen »richtigen« Weg des Loslassens, sondern nur verschiedene, ganz individuelle Wege.

Es ist auch keineswegs schädlich, wenn ein Kind dabei auch schwierige Situationen durchlebt. Wenn es lernt, auch Unangenehmes auszuhalten. Denn oftmals ist damit die Erfahrung verbunden, dass Schwierigkeiten überwunden werden können, auch wenn sie anfangs vielleicht überwältigend erscheinen.

Natürlich, die Hürden sollten nicht zu hoch sein. Die besten Herausforderungen sind jene, die sich mit Mühe und Anstrengung schließlich doch überwinden lassen. Das lässt in Kindern etwas entstehen, was sich mit dem Begriff »Selbstwirksamkeit« beschreiben lässt: Mir ist etwas gelungen, ganz allein. Ich kann für mich selbst etwas bewirken!

Das zunehmende Bedürfnis nach Autonomie, nach Freiheit, führt zwangsläufig dazu, dass unsere Kinder Fehler machen. Dass sie sich etwa beim Fußballspielen überschätzen und einen Meniskusriss zuziehen. Dass sie glauben, die Abi-Klausur mit links zu schaffen und dann durchfallen. Oder dass sie sich für unwiderstehlich halten, aber dann verlassen werden.

Nicht zuletzt, damit sie solche Situationen gut meistern, ist es wichtig, dass Kinder frühzeitig den Umgang mit Fehlern lernen. Für uns Eltern bedeutet das, diesen Prozess auch zuzulassen. Das heißt selbstverständlich nicht, dass wir unsere Kinder ins offene Messer laufen lassen sollten. Stattdessen sollten wir zur Verfügung stehen, wenn unsere Kinder jemanden brauchen, der einfach nur zuhört. Der ein offenes Ohr für Fragen hat und auch Rat geben kann. Der offen von seinen eigenen Erfahrungen und Fehlern aus den eigenen jungen Jahren berichtet.

Es hilft unseren Kindern, wenn wir über die Fehler in unserer Schulzeit sprechen können, die Gefühle der ersten Verliebtheit, die Fallstricke unserer ersten längeren Beziehung oder über die Schwierigkeiten, die uns bei der Berufswahl begegnet sind. Vielleicht auch davon, wie wir uns in Streitigkeiten verhalten haben und im Umgang mit Freunden. Allerdings können wir nicht erwarten, dass unsere Kinder unseren Rat berücksichtigen. Jede Generation muss auch ihre eigenen Fehler machen – aber es ist wertvoll für junge Menschen, wenn sie ihre Erfahrungen mit denen der Älteren zumindest abgleichen können.

Es ist dann die Entscheidung unserer Kinder, ob sie oder wie sie unsere Erfahrungen nutzen möchten. Je nach Temperament und Persönlichkeit gibt es Kinder, die von unseren Erfahrungen viel profitieren werden und Fehler, die wir gemacht haben, nicht erneut machen.

Andere denken eher, die Erfahrungen meiner Eltern sind jahrzehntealt, ich versuche das trotzdem so durchzuziehen, wie ich es jetzt für richtig halte. Das muss nicht unbedingt der falsche Weg sein, aber mitunter werden diejenigen zahlreiche Fehler machen und Missgeschicke erleiden, die aus unserer Perspektive unnötig sind. Vielleicht werden wir gedanklich Stoßseufzer loslassen: »Ich hab's dir doch gesagt …«

In solchen Situationen ist es wichtig, weiterhin liebevoll für das Kind da zu sein. Die Trauer mitzufühlen, wenn es beispielsweise schmerzliche Erfahrungen mit dem anderen Geschlecht gemacht hat, es schulische oder auch sportliche Ziele, die es sich selbst gesteckt hat, nicht erreichen konnte.

Die Phase des Ziehenlassens, der Abnabelung, ist auch so schwierig, weil sie alles andere als stetig vorangeht, sondern Wellenbewegungen unterworfen ist. Das berichten mir jedenfalls viele meiner Patienten, und es ist auch meine eigene Erfahrung aus der Kindheit. Dieses Wechselspiel zwischen Nähe und Distanz verlangt von uns Eltern ein hohes Maß an Flexibilität.

Denn es gibt Phasen, da fühlen sich Kinder schon sehr erwachsen, da müssen wir mehr loslassen, treten mehr in den Hintergrund und sollten sie motivieren, dass sie auf eigenen Beinen stehen können. Und dann gibt es Phasen, da sind sie wieder das kleine Mädchen und der kleine Junge, die viel Trost und Zuwendung benötigen. Dann müssen wir ihnen Aufmerksamkeit, Ansprechbarkeit und Sicherheit bieten.

Diese Phasen sollten wir meiner Erfahrung nach aber nicht stumm über uns ergehen lassen. Es kann für beide Seiten sehr hilfreich sein, unsere Empfindungen transparent zu machen. Also mit unseren Kindern darüber zu sprechen, dass es für uns nicht immer leicht ist zu erkennen, was sie gerade brauchen – dass wir aber selbstverständlich für sie da sind.

In nicht wenigen Fällen führt das dazu, dass sich auch die Kinder öffnen und wir mit ihnen besprechen können, wie sie sich fühlen und was sie benötigen. Welches Ausmaß an Freiheiten etwa, ob im Alter von 14 Jahren, 16 Jahren und vielleicht auch noch mit 18 Jahren aus ihrer Sicht nötig ist. Und wie unsere Haltung als Eltern dazu ist.

Bestenfalls erfahren sie dann von uns, dass sie in uns eine sichere Basis haben, zu der sie bei Schwierigkeiten jederzeit zurückkehren können, wie in einen sicheren Hafen. Dass sie vielleicht nicht immer unkritisch empfangen werden, jederzeit jedoch wohlwollend und liebevoll.

Übung zum Loslassen

Die Übung kann Ihnen dabei helfen, ein besseres Bild von dem zu entwerfen, was Sie ihren Kindern mitgeben möchten. Wie die anderen Übungen, die Sie in diesem Buch bereits kennengelernt haben, nutzt auch diese Übung imaginative

Strategien: also die menschliche Fertigkeit, sich vor dem inneren Auge bestimmte Situationen vorzustellen. Das gilt auch für zukünftige Ereignisse. Eine solche in die Zukunft gerichtete Imagination kann Ihnen beim Loslassen helfen.

Dazu nehmen Sie sich etwa 20 Minuten Zeit und begeben sich an einen ruhigen Ort. Ziel der Übung ist es, Ängste zu reduzieren, was die Zukunft Ihrer Kinder betrifft. Dafür ist es sehr hilfreich, positive Assoziationen zu entwickeln: Stellen Sie sich also vor, wie Ihr Sohn oder Ihre Tochter in wenigen Jahren leben wird. Machen Sie sich ein inneres Bild von Ihrem Kind als junger Erwachsener, vielleicht in der Ausbildung, im Studium oder bereits am Anfang des Berufslebens. Wie es glücklich ist, vielleicht in Partnerschaft, vielleicht aber auch als Single, ein zufriedenes Leben führt. Wie es am Leben teilhat, mit anderen Menschen in Verbindung steht, wie es Spaß an der Natur, am Sport oder auch in einer Partnerschaft hat. Malen Sie sich dieses Bild ganz detailliert aus.

Nun kann es sein, dass es Ihnen nicht gelingt, solch positive Bilder entstehen zu lassen. Vielleicht entsteht sogar eine Szene vor Ihrem inneren Auge, in der Ihr Kind schlechten Umgang hat und zu viel Alkohol trinkt. Dann könnten Sie versuchen, sich eine gute Lösung für genau dieses Problem vorzustellen. Vielleicht malen Sie sich aus, dass Ihr Kind Ihnen eines Tages erzählt, dass sein bester Freund – der ihm aus Ihrer Sicht gar nicht gutgetan hat – umziehen wird, es ihn künftig nicht mehr sehen wird. Dann könnten Sie sich intensiv ausmalen, was das nach dem Anfangsschmerz der Trennung alles für positive Folgen für Ihr Kind hat.

Stellen Sie sich schließlich auch vor, dass Sie sich mit Ihrem Kind treffen, dass Sie liebevoll miteinander umgehen und dass Ihr Kind sich bei Ihnen dafür bedankt, wie Sie es während des Aufwachsens behandelt haben. Vielleicht stellen Sie sich auch vor, wie Sie über schwierige Situationen in der Erziehung gemeinsam sprechen. Und über manche damals als schrecklich empfundene Situationen heutzutage schmunzeln oder sogar lachen können.

Malen Sie sich aus, wie fest das Band zwischen Ihrem Kind und Ihnen in der Zukunft ist, während Sie gleichzeitig empfinden, wie selbstständig und autonom Ihr Kind geworden ist. Versuchen Sie dieses Gefühl der engen Verbindung auch körperlich zu spüren. Entsteht in Ihnen ein Gefühl von Wärme, Zufriedenheit und Glück? Eine solche Imagination kann starke Emotionen hervorrufen. Wundern Sie sich nicht, wenn womöglich die ein oder andere Glücksträne Ihre Wange hinunterläuft.

Versuchen Sie schließlich zu erspüren, welches die wichtigen Ereignisse gewesen sind, die dazu beigetragen haben, dass Ihr Kind so selbstständig, so glücklich werden konnte. Wenn das Streben nach Autonomie früher immer mal wieder dafür gesorgt hat, dass Sie Angst um Ihr Kind hatten, sich viele Sorgen gemacht haben, so können Sie sich auch vorstellen, dass Ihr Kind sich bei Ihnen dafür entschuldigt, weil es weiß, dass es Ihnen Sorgen bereitet hat. Vielleicht drückt es auch aus, wie wichtig es war, dass Sie an Ihren Sohn oder Ihre Tochter geglaubt haben.

Versuchen Sie so intensiv wie möglich, die Situation lebendig werden zu lassen und genießen Sie den liebevollen und wohlwollenden Umgang zwischen Ihnen und Ihrem Kind in der Zukunft.

Und wenn Sie das nicht sofort hinbekommen, hilft: üben! Imaginationen können trainiert werden. Ab und zu kann es auch helfen, einen Gegenstand, den man mit dieser Art der Autonomie verbindet, in die Hand zu nehmen, etwa die

Medaille für die Teilnahme am ersten Skikurs. Also ein Objekt zu haben, welches das Gefühl vermittelt: Mein Sohn oder meine Tochter schafft das.

Eine solche Imagination hilft dabei, aktuelle Sorgen und Ängste besser zu ertragen, weil uns das Ziel des eigenständigen und selbstbewussten Kindes vor Augen geführt wird. Diese Technik kann auch bei jüngeren Kindern helfen, beispielsweise in Situationen, in denen wir befürchten, aus der Haut zu fahren. Wenn beispielsweise unser zweijähriger Nachwuchs gerade dabei ist, die Welt zu entdecken und zum wiederholten Mal die Inhalte der Besteckschublade ganz neu arrangiert – auf dem gesamten Küchenboden.

In einer solchen Situation könnten Sie sich, um die innere Anspannung zu vermindern, überlegen, was Sie sich für die Zukunft Ihres Kindes wünschen. Soll es immer ein eher pedantisches Verhalten zeigen, niemals geordnete Bahnen verlassen? Oder möchten Sie, dass Ihr Kind die gesamte Klaviatur der Kreativität kennenlernt?

Vielleicht können Sie sich vorstellen, wie Ihr jugendlicher Sohn oder Ihre jugendliche Tochter im Schulorchester spielt, in der Theatergruppe kreativ ist oder sich voller Selbstbewusstsein im Schüleraustausch in einer Fremdsprache verständigt. Diese Vorstellung eines kreativen, autonomen Kindes kann dabei helfen, die negativen Gefühle gegenüber den Experimenten Ihres Kleinkinds einzuordnen. Es hilft Ihnen, sich selbst davon abzuhalten, diesen wichtigen Prozess des autonomen Handelns Ihres Kindes zu unterbrechen, indem Sie die Schublade sofort wieder aufräumen. Wenn Sie sich vergegenwärtigen, wozu eine Unterstützung des aktuellen kindlichen Verhaltens in Zukunft führen kann, werden Sie auch den Gedanken an das spätere Aufräumen der Küche besser ertragen.

Was ich noch erwähnen möchte: Während des Nachdenkens über dieses Buch und des Schreibens haben mich gedanklich häufig meine Söhne begleitet, in denen ich immer wieder mich selbst und meine eigenen kindlichen Anteile erkenne. Ich bin dankbar, dass meine Kinder großzügig und immer wieder bereit sind, mir zu verzeihen und gemeinsam mit mir etwas Neues zu versuchen.

Und auch darin liegt eine wichtige gemeinsame Lektion, die Eltern und Kinder lernen: eine Akzeptanz der Fehlbarkeit. Es ist zwar unmöglich, dauerhaft gemeinsam in der kindlichen Unbefangenheit zu versinken, wie man es sich vor der Elternschaft vielleicht erhofft hat. Es ist aber möglich, immer wieder unbeschwert zusammen glücklich zu sein. In der Erkenntnis, dass beide Seiten eine wichtige Rolle haben für den Prozess des gemeinsamen Wachstums.

Was die Akzeptanz von Fehlbarkeit betrifft, so möchte ich zum Abschluss auf eine Frage eingehen, die Sie sich womöglich bereits gestellt haben: Wie sollte man mit seinen Eltern umgehen, wenn man die Erkenntnis gewonnen hat, dass deren Verhalten der Ursprung der eigenen heutigen Probleme ist?

Mit hoher Wahrscheinlichkeit sind Ihnen während der Lektüre dieses Buches bestimmte Verhaltensmuster bei Ihnen selbst aufgefallen. Und auch Muster Ihrer Eltern, die verhindert haben, dass Ihre emotionalen Grundbedürfnisse in der Kindheit ausreichend befriedigt wurden. Das ist alles andere als ungewöhnlich, sondern aus meiner Sicht eher die Regel als die Ausnahme.

Wenn Sie nun den Impuls verspüren, Ihren Eltern mal so richtig die Meinung zu sagen, würde ich Ihnen raten, zunächst einmal innezuhalten. Denn auch Sie hatten ja, bevor Sie dieses Buch gelesen haben, womöglich nur ein eingeschränktes

Wissen über die Notwendigkeit emotionaler Grundbedürfnisse. Erst mit neu gewonnenen Erkenntnissen erwächst aus meiner Perspektive jedoch die Verpflichtung, sich auch daran zu orientieren.

Das soll ein Fehlverhalten Ihrer Eltern Ihnen gegenüber nicht bagatellisieren. Aber überlegen Sie doch einmal, was vor dem Hintergrund des neuen Wissens ein guter Umgang mit Ihren Eltern wäre. Sie könnten zum Beispiel auf die Idee kommen, ihre Eltern zu bitten, mit den Enkelkindern anders zu verfahren, als ihre Eltern das früher mit Ihnen gehandhabt haben. Oftmals ist das ohnehin schon der Fall, sodass Sie vielleicht mit einem Zwinkern sagen können: »Das hätte ich mir damals auch gewünscht.«

Vielleicht ist es ganz hilfreich, eine Art dialektische Haltung einzunehmen: Auf der einen Seite verstehen Sie als gesunder Erwachsener heute die Hintergründe Ihrer Erziehung besser und können auch die Perspektive Ihrer Eltern nachvollziehen. Auf der anderen Seite erkennen Sie, wie erheblich sich der Mangel an der Befriedigung Ihrer emotionalen Grundbedürfnisse auf Ihr Leben ausgewirkt hat.

Wenn es also ein Bedürfnis nach Klärung gibt, wäre eine Haltung wie: »Ich kann verstehen, warum ihr so gehandelt habt. Ich hätte aber etwas anderes gebraucht« ein guter Ansatz. Sollten tatsächlich erhebliche traumatische Erfahrungen in der Kindheit zu Ihrem Erfahrungsschatz gehören, so würde ich empfehlen, diese im Rahmen einer Psychotherapie aufzuarbeiten. Vor allem, wenn die Erfahrungen noch immer Teil Ihrer derzeitigen Gedankenwelt sind.

Am allerwichtigsten ist es heute, die nicht angemessenen generationsübergreifenden Erziehungsstrategien gegenüber Ihren eigenen Kindern hinter sich zu lassen. Das kann natürlich zu Konflikten mit Ihren Eltern führen. Wenn diese nun beharrlich darauf bestehen, dass Ihre früheren Erziehungsmethoden die richtigen waren, können Sie vor dem Hintergrund Ihrer neuen Erkenntnisse berechtigterweise die Haltung vertreten, dass Sie dies nicht teilen. Sie können zwar davon ausgehen, dass Ihre Eltern Ihnen nicht willentlich schaden wollten und die Erziehungsmethoden zur damaligen Zeit womöglich den üblichen Standards entsprachen – gleichwohl waren diese wenig hilfreich für Ihre eigene Entwicklung.

In dem Punkt eine klare Haltung einzunehmen ist wichtig. Das unterstützt Sie bei dem Vorhaben, Ihre Eltern zu ermuntern, sich gegenüber den Enkelkindern anders zu verhalten als früher Ihnen gegenüber. Diese Haltung sollten Sie selbstbewusst vertreten, denn Sie sind schließlich für die Erziehung Ihrer Kinder verantwortlich.

Abraten möchte ich davon, in eine Konfrontation mit den Eltern zu gehen mit dem Motiv: »Ich habe jetzt was gelesen und jetzt möchte ich dir mal sagen, was du alles falsch gemacht hast.« Das hilft niemandem weiter. Insofern ist es ratsam, nur dann in den Konflikt mit den Eltern zu gehen, wenn Sie sich davon eine Verbesserung Ihrer Beziehung zu ihnen versprechen. Oder aber einen besseren Umgang Ihrer Eltern mit Ihren eigenen Kindern.

Abschließend sei erwähnt, dass bei allem Mangel, den Sie vielleicht erlebt haben, es sicherlich auch sehr gute Beziehungs- und Erziehungserfahrungen aus der Vergangenheit gibt. Es ist wichtig, diese nicht zu vergessen, sondern sie sich immer mal wieder in Erinnerung zu rufen. Das hilft in der Regel ungemein dabei, einen wohlwollenden Umgang mit den eigenen Eltern zu pflegen.

Anhang

Die Wissenschaft der Schematherapie

Schematherapie, das war bei mir Liebe auf den ersten Blick. Oder besser: auf den ersten richtigen Blick. Ich hatte bereits fünf Jahre während der Weiterbildung für den Facharzt für Psychiatrie und Psychotherapie gearbeitet und immer mal wieder von dieser Form der Therapie gehört. Aber erst, als ich an der Universität Lübeck einen Vortrag einer Psychologin und Psychotherapieforscherin hörte, war es um mich geschehen.

Die Schematherapie ist ein verhaltenstherapeutisches Verfahren, das anders als die klassische Verhaltenstherapie nicht kühl und trocken an die Probleme herangeht, sondern immer pragmatisch und transparent. Vor allem aber ist sie stark geprägt von einer humanistischen Grundhaltung, von psychodynamischen Theorien und von der Psychoanalyse.

Eine Psychoanalyse beinhaltet normalerweise, dass der Therapeut stundenlang zuhört und Dinge deutet, während der Patient dabei auf dem Sofa liegt. Eine klassische

Psychoanalyse benötigt für die Behandlung einer Neurose oftmals ein paar hundert Stunden, während es für eine Verhaltenstherapie manchmal nur wenige Sitzungen braucht.

Dafür aber können gute Psychoanalytiker etwas, was Verhaltenstherapeuten in der Regel nicht gelingt: eine Regression ermöglichen, also eine Rückkehr von Patienten in einen früheren Zustand ihrer kindlichen Bedürfnisse. Aus diesem Zustand heraus kann dann ein Verständnis für unerfüllte kindliche Bedürfnisse und den Umgang mit ihnen in der heutigen Zeit entwickelt werden. Künftig kommen sie dem Erwachsenen dann, kurz gesagt, im Alltag nicht mehr so sehr in die Quere.

Grundsätzlich wird die Schematherapie als noch junge Therapieform der sogenannten dritten Welle der Verhaltenstherapie zugeordnet. Sie verbindet ihre verhaltenstherapeutischen Techniken mit Konzepten der Bindungstheorie, der Bedürfnisorientierung humanistischer Ansätze, der Transaktionsanalyse; hinzu kommt ein auf der Psychoanalyse basierendes biografisches Erklärungsmodell. Aus diesem Grund ist die Schematherapie vor allem für Menschen hilfreich, deren heutige Probleme und Schwierigkeiten ihren Ursprung in der Kindheit oder Jugend haben.

Gerade im Bereich Erziehung hat die biografische Komponente oft eine wesentliche Bedeutung. Auch wir als Eltern haben unsere festen Muster, unsere ganz individuellen Beziehungserfahrungen und unsere Erinnerungen daran, wie wir als Kind erzogen worden sind. Insbesondere Letzteres ist für dieses Buch von höchster Relevanz, wie Sie in den Kapiteln zuvor bereits erfahren haben. Wie unsere Eltern mit unseren kindlichen Grundbedürfnissen umgegangen sind – ob sie unsere Bedürfnisse in der Regel erfüllen konnten oder ob wir in unseren Bedürfnissen nicht gesehen wurden –, entscheidet in erheblichem Maße darüber, wie wiederum wir unsere Kinder erziehen.

Das Wunderbare an der Schematherapie ist nun, dass sie mit verhaltenstherapeutischen Elementen arbeitet, mit psychodynamischen Modellen und eben auch mit regressiven Zuständen. Aber statt zahllose Stunden auf der Couch zu verbringen, wird der Prozess durch interaktive Verfahren auf einen Bruchteil verkürzt. Er ist zudem transparent, alles andere als mystisch und verschwurbelt – und noch dazu in fast allen Fällen sehr wirksam. Ehrlicherweise muss ich aber auch einräumen, dass ich von der Schematherapie, nun ja: bestochen worden bin.

Nach dem Vortrag an der Universität Lübeck war ich derart begeistert von dem Verfahren, dass ich mich freiwillig meldete, als Studienarzt bei einer Studie zur Wirksamkeit der Methode mitzumachen. Alle Freiwilligen wurden zu einem internationalen Workshop in den Niederlanden eingeladen – und zwar an einem Wochenende, an dem ich zufällig Geburtstag hatte. Vielleicht also hat meine Liebe für die Methode auch ein klein wenig damit zu tun, dass ich bei diesem Workshop, auf dem ich die Details der Methode kennenlernen durfte, am Abend von sympathischen, klugen Therapeuten aus aller Welt dafür gefeiert wurde, dass auch ich auf dieser wunderbaren Welt bin.

Sie sehen, Entscheidungen über berufliche Wege werden auch von Ärzten und Wissenschaftlern keineswegs rein rational getroffen. Und das ist auch gut so. Die Begeisterung für eine Methode, mit der man arbeitet, beruht längst nicht immer nur auf wissenschaftlicher Evidenz, sondern immer auch auf persönlichen Erfahrungen. Aber selbstverständlich gibt es auch viele wissenschaftlich exzellente Studien, die die Wirksamkeit der Schematherapie belegen. So beispielsweise jene unter Leitung des Psychologen Arnoud Arntz von der Universität Amsterdam im März 2022 in einer der bedeutendsten wissenschaftlichen Zeitschriften (JAMA): Mit der Studie konnte überzeugend nachgewiesen werden, dass die Schematherapie selbst bei einer schweren Persönlichkeitsstörung wie dem Borderline-Syndrom wirksam ist.

Warum heißt die Schematherapie so, wie sie heißt?

Weshalb der Begriff Schema? Ein Schema wird als ein festes Verhaltensmuster verstanden, welches sich aus bestimmten Erinnerungen, Emotionen, Körperempfindungen und Gedanken zusammensetzt. Schemata betreffen die Selbstwahrnehmung sowie die Beziehung zu anderen.

Diese stabilen Muster können ein Leben lang aktiviert werden, wenn wir in bestimmte – für uns schwierige – Situationen kommen. In der Regel entwickeln sich Schemata genau in den Bereichen, in denen unsere emotionalen Grundbedürfnisse nicht erfüllt wurden.

Hätte ich mich der Schematherapie rein kognitiv genähert, wäre ich womöglich von der Komplexität des Modells abgeschreckt gewesen. Denn ihr ursprünglicher Begründer, der 1950 geborene US-Amerikaner und Psychotherapeut Jeffrey Young, geht von einem komplexen Modell von 18 Schemata aus, auf die Menschen mit drei unterschiedlichen Bewältigungsstrategien reagieren. Außerdem hat er jene fünf Kernbedürfnisse definiert, die Ihnen bereits im Kapitel 4 begegnet sind. Diesen fünf Bedürfnissen hat er wiederum die 18 Schemata zugeordnet.

Dem Grundbedürfnis nach »Sicherer Bindung« sind beispielsweise die Schemata »Misstrauen und Missbrauch« oder »emotionale Entbehrung« zugeordnet. Menschen, die ein Misstrauensschema entwickelt haben, wurden mitunter früher ausgenutzt oder die Eltern haben ihnen Versprechungen gemacht, diese aber nie eingehalten. Vielleicht mussten sie Aufgaben übernehmen, die nicht altersangemessen waren. Es können sich dann im Erwachsenenalter Gedanken gegenüber dem Partner entwickeln wie: »Ich habe die ganze Arbeit, sorge dafür, dass sie den Rücken frei hat und sie tut, was sie will, macht Karriere, und ich bleibe dabei auf der Strecke.«

Das Schema der emotionalen Entbehrung kann bei Menschen entstehen, die von wichtigen Bezugspersonen nicht ernst genommen wurden. Das können zum Beispiel Menschen sein, deren Bezugspersonen in der Kindheit regelmäßig vergessen haben, sie von der Schule oder vom Sport abzuholen. Als Erwachsener können diese Menschen dann Gedanken entwickeln wie: »Ich bin nicht wichtig. Wenn ich meiner Frau wichtig wäre, würde sie sich mehr um mich kümmern. Ich werde ihr wohl egal sein.«

Schemata zum Grundbedürfnis »Autonomie« sind »Abhängigkeit und Inkompetenz« oder auch »Verstrickung und unterentwickeltes Selbst«. Menschen, die ein Inkompetenzschema entwickelt haben, wurden sehr viel kritisiert und zu wenig oder nie gelobt. Sie sind der Überzeugung, als Mutter oder Vater ungeeignet zu sein. Sie entwickeln oftmals den Gedanken, unfähig zu sein, nichts richtig zu machen oder ständig auf Hilfe angewiesen zu sein.

Zum Grundbedürfnis »realistische Grenzen« zählen die Schemata »Anspruchshaltung« und »unzureichende Selbstkontrolle«. Letzteres Schema entsteht, wenn man nie ausreichend motiviert wurde, Dinge zu Ende zu bringen oder auch mal schwierige Phasen zu überstehen. Menschen mit einem solchen Schema haben vielfach die Erfahrung gemacht, dass ihnen alle Schwierigkeiten abgenommen wurden, und denken dann Dinge wie: »Ich mache hier den ganzen Tag alles. Das ist mir zu blöd. Ich bringe die Kleine jetzt zu meiner Mutter, die kann sie ja ruhig vor das Fernsehgerät setzen, wenn es ihr zu viel wird. Ich gehe jetzt mit meinen Mädels feiern.«

Dem Grundbedürfnis nach »Freiheit im Ausdruck sich mitzuteilen« werden wiederum die Schemata »Unterwerfung« oder auch »Selbstaufopferung« zugeordnet. Letzteres Schema können beispielsweise Menschen entwickeln, die ständig ein aufopferndes Verhalten bei ihren Eltern beobachtet haben: wie die eigene Mutter sich um Haushalt und Kinder gekümmert hat, dazu noch um die Bedürfnisse der eigenen Eltern sowie der Schwiegereltern – und ihre eigenen Bedürfnisse immer vernachlässigt hat. Ein typischer Gedanke könnte dabei sein: »Andere Menschen sind wichtiger als ich – ich muss dafür sorgen, dass es ihnen gut geht.« Wie es einem selber geht, tritt dagegen völlig in den Hintergrund.

Dem für mich sehr wichtigen Grundbedürfnis nach »Spontaneität und Spiel« sind die Schemata »emotionale Gehemmtheit« oder auch »unerbittliche Standards« zugeordnet. Unter Letzteren verstehen wir die Auffassung, dass alles perfekt sein muss.

Menschen mit diesem Schema möchten auf alles vorbereitet sein. Sie schicken die Steuererklärung am ersten Tag des neuen Jahres ab, haben die Anmeldung für die Schule ihres Kindes bereits in dessen Säuglingszeiten ausgefüllt. Und besuchen womöglich parallel zu Erziehung und Job noch einen Kurs für veganes Kochen für Eltern.

Da wir in unserer Kindheit versucht haben, unerfüllte Grundbedürfnisse in irgendeiner Art und Weise auszugleichen, haben sich bestimmte Verhaltensweisen entwickelt. Wir haben uns vielleicht unserem Schema gefügt, haben dagegen opponiert oder aber auch uns zurückgezogen.

Sie merken schon, das Konzept der Schematherapie ist auf den ersten Blick tatsächlich ganz schön unübersichtlich: fünf kindliche Grundbedürfnisse, 18 Schemata, drei Bewältigungsstrategien. Zusammengenommen ergeben sich dadurch derart viele Kombinationen, dass man schnell den Überblick verliert. Doch das ist noch nicht alles: In der Schematherapie ist auch ständig die Rede von Modi.

Was ist ein Modus?

Modus ist, wie ich weiter oben schon kurz beschrieben habe, der Fachbegriff für einen momentanen Persönlichkeitszustand. In einem Modus können unterschiedliche Schemata mit den dazugehörigen Emotionen, Körperreaktionen und Gedanken gleichzeitig aktiviert sein. Die Schematherapie unterscheidet grob vier Kategorien von Modi.

Die erste Kategorie sind die strafenden und fordernden Eltern-Modi. Wenn diese aktiv sind, gehen wir harsch und zu streng mit uns um. Wir beleidigen uns selbst, machen uns runter und treiben uns weit über unsere eigenen Grenzen und weit über die Grenzen des Möglichen an.

Als zweite Kategorie gibt es die Kind-Modi. Das sind diese Anteile in uns, die sehr traurig und verletzt sein können, die sich ohnmächtig fühlen und hilflos. Wir alle kennen bestimmte Situationen, in denen wir uns plötzlich ganz unsicher und hilflos fühlen – und das, obwohl die Situation, in der wir uns befinden, diese Reaktion gar nicht erklären kann. Dann ist mit einer hohen Wahrscheinlichkeit ein Kind-Modus aktiv.

Da all diese Modi emotional nur schwer auszuhalten sind, haben wir unterschiedliche Strategien entwickelt, mit entsprechenden Situationen umzugehen. Die dritte Kategorie sind demnach die sogenannten Bewältigungsmodi. Darin nutzen wir Strategien, die dafür sorgen, dass wir unsere eigenen strafenden oder fordernden Anteile weniger laut hören oder auch unser eigenes Leid nicht so intensiv spüren.

Dann kann es geschehen, dass wir uns mit einem Menschen streiten, vielleicht sogar einen Streit provozieren, obwohl wir uns eigentlich traurig fühlen. Ein konkretes Beispiel: Sie fühlen sich überfordert und denken, dass Ihnen alles über den Kopf wächst. Sie lassen sich dann aber nicht von Ihrem Partner trösten, sondern beginnen einen Streit, da er oder sie vielleicht am Morgen vergessen hat, die Kaffeetasse in die Spülmaschine zu räumen. Das wäre aus schematherapeutischer Sicht ein typischer Bewältigungsmodus. Diese Form der Bewältigung nennen wir Überkompensation.

Derartige Bewältigungsstile lernen wir bereits in Kindheit und Jugend. Sie stellten damals die besten Reaktionsmöglichkeiten dar. In der Kindheit waren unsere Reaktionen also sehr verständlich und auch sinnvoll, manchmal sogar überlebenswichtig. Was soll ein Kind einem despotischen Vater gegenüber tun, außer sich zurückzuziehen oder sich zu unterwerfen? In heutigen Situationen als Erwachsener können solche Verhaltensmuster jedoch hinderlich sein, vor allem auch bei der Erziehung der eigenen Kinder.

Eine andere wirksame Strategie, der zweite Bewältigungsmodus, ist die Vermeidung. Sie zeigt sich unter anderem, wenn jemand exzessiv am Computer spielt oder Fernsehserien schaut, Alkohol oder Drogen konsumiert oder auch ständig shoppen geht. Das führt dazu, kurzfristig abgelenkt zu sein, sich nicht mehr überfordert und weniger schlecht zu fühlen. Durch diese Ablenkung und die positiven Gefühle, die dabei entstehen, stabilisiert sich dieses Verhalten, doch es löst das eigentliche Problem nicht.

Die letzte Strategie, der dritte Bewältigungsmodus, ist die Unterwerfung. Wenn wir diese Strategie nutzen, verhalten wir uns so, als ob alles, was unsere fordernden und strafenden Anteile sagen, der Realität entsprechen würde. Wenn etwa unsere strafende Stimme sagt, dass wir nichts wert seien und alles für andere tun müssten, verhalten wir uns auch entsprechend. Wenn unsere fordernde Stimme beispielsweise sagt, dass nur die Menschen von Wert sind, die immer und zu jeder Zeit mehr als hundert Prozent ihrer Leistung bringen, und wir uns ebenso verhalten, wäre das auch eine Form von Unterwerfung.

Das Problem der Bewältigungsmodi ist nicht nur, dass ihre Entstehung absolut nachvollziehbar ist – schließlich haben wir im Laufe unseres Lebens gelernt, dass diese Strategien dazu führen, dass wir uns besser fühlen. Und das ist ein guter Grund, diese Verhaltensweisen nicht zu ändern. Bewältigungsmodi hindern uns somit aber auch daran, neue Erfahrungen zu machen, die ungute Verhaltensweisen korrigieren können.

Die vierte Kategorie bilden die gesunden Modi. Das sind der gesunde Erwachsene oder auch das glückliche Kind. Im gesunden Erwachsenenmodus verhalten wir uns der Situation angemessen. Das bedeutet, dass wir in der Lage sind, unsere eigenen Bedürfnisse zu erfüllen, aber auch erkennen, wann wir sie zugunsten unseres Kindes zurückstellen müssen.

Aus diesem Modus heraus zu handeln, ist sicherlich eine der herausforderndsten Aufgaben für Eltern. Bedürfnisaufschub und Bedürfnisfrustration begleiten uns über viele Jahre der Kindererziehung. Sehr deutlich wird dies am Beispiel Schlaf. Das eigene Schlafbedürfnis kollidiert oft ganz erheblich mit den Bedürfnissen sehr junger Kinder. Für unser Baby auch nachts da zu sein, dafür unser Bedürfnis nach Schlaf immer wieder aufzuschieben, aber gleichzeitig darauf zu achten, dass wir auch selbst genügend Schlaf bekommen, das gelingt oft nur mit der Unterstützung anderer.

Das glückliche Kind ist der Modus, in dem wir tanzen, singen, mit den Kindern herumtollen und ausgelassen sind. Gerade dieser Modus wird oft durch die eigene Elternschaft unterstützt. Ohne meine eigenen Kinder wäre ich sicherlich nicht so häufig auf Hüpfburgen, in Kletterwäldern oder würde mit Fingerfarben malen. Das glückliche Kind gibt uns die nötige Energie und Ausgelassenheit, damit wir auch langfristig zufriedene Menschen und gute Eltern sein können.

Aufgrund der Möglichkeit, die eigenen Verhaltensweisen einem bestimmten Modus zuzuordnen, ergibt sich in der Schematherapie die Chance, festgefahrene Muster zunächst zu erkennen und ihren Ursprung zu identifizieren. Um dann zu entscheiden, ob der Modus der Situation angemessen ist oder eben nicht. Ist er das nicht, können wir neue Verhaltensweisen ausprobieren.

Ungesunde Verhaltensmuster erkennen

Grundsätzlich geht die Schematherapie davon aus, dass Menschen in der Kindheit bestimmte Verhaltensweisen entwickeln, gesunde und weniger gesunde. Die weniger gesunden Modi sind oft eine Reaktion auf belastende Erlebnisse, Vernachlässigung, Missbrauch oder auch Demütigung. Wenn emotionale Grundbedürfnisse eines Kindes, zum Beispiel nach sicherer Bindung oder Selbstentfaltung, nicht ausreichend befriedigt wurden, hinterlässt das tiefe Spuren. Diese Spuren finden sich in der Seele und auch ganz konkret im Gehirn, wie der US-Neurologe Joseph LeDoux von der New York University einmal anmerkte. Ihm zufolge brennen sich ungesunde Erfahrungen »als Schemata in die sich nach und nach ausdifferenzierenden Nervenstrukturen ein«.

So kann jemand, der in der Kindheit mehrfach verlassen wurde, die starke Überzeugung entwickeln, auch als Erwachsener immer wieder verlassen zu werden. Und wer als Kind Zuwendung hauptsächlich bei guten Schulleistungen bekommen hat, wird später im Leben vielleicht die Überzeugung entwickeln, dass er sich Zuneigung verdienen muss und nur dann liebenswert ist, wenn er Höchstleistungen bringt.

Für viele Patienten ist es zunächst allerdings schwer zu begreifen, dass zum Beispiel die innere leistungsfordernde Stimme nicht ein elementarer Teil des eigenen Selbst ist, sondern etwas, das früher von außen bedingt und angelegt wurde – und nun in der Therapie auf ein gesundes Maß reduziert werden soll.

Schemata wirken also meist im Hintergrund, sie steuern das Verhalten wie ein Autopilot. Deshalb sind sie so schwer zu erkennen und oft sehr machtvoll. Der US-Psychologe Daniel Goleman sprach einmal von einem »emotionalen Hijacking«, weil die Schemata das aktuelle Leben wie ein Flugzeugentführer kapern.

Die Schematherapie macht somit bewusste, vor allem aber unbewusste emotionale Prozesse zu einem zentralen Gegenstand der Therapie. Ziel der Therapie ist es, ungesunde Verhaltensmuster zu erkennen und die damit verbundenen

Erinnerungen, Emotionen und körperlichen Empfindungen abzuschwächen. Nach einer erfolgreichen Therapie können die Betroffenen mit sich und ihrer Umgebung zufriedener leben, ihre psychische Belastung hat sich verringert und ihre elementaren Grundbedürfnisse werden erfüllt.

Die dysfunktionalen Modi

In meiner alltäglichen Praxis arbeite ich mit einem Modell aus den vier Modus-Kategorien, den dysfunktionalen Kind-Modi, den dysfunktionalen Bewältigungsmodi, den dysfunktionalen Eltern-Modi und dem gesunden Erwachsenen. Die Wirksamkeit dieses vereinfachten Ansatzes ist gut erforscht.

Gemeinsam mit meinen Patienten habe ich viel herumprobiert, mit welchen Begrifflichkeiten sich diese Kategorien in Alltagssprache übersetzen lassen. Mittlerweile nutze ich gerne diese vier Begrifflichkeiten: »das unversorgte Kind«, »das rettende Korsett«, »die unerbittliche Stimme« und »der gesunde Erwachsene«. Sie haben sie in den Kapiteln 3 und 4 bereits näher kennengelernt.

So geht die Schematherapie vor

Um ungesunde Verhaltensmuster zu durchbrechen, greifen Schematherapeuten zu sogenannten erlebnisaktivierenden Techniken, wie etwa Imaginationsübungen. Dabei ruft sich der Patient mit geschlossenen Augen bedeutsame Situationen wie unangenehme Kindheitserfahrungen ins Gedächtnis, die noch heute dieselben Gefühle auslösen wie früher.

Diese Gefühle werden mit Hilfe des Therapeuten so besprochen, dass sie in der Jetztzeit zu einem guten Ende kommen. Der Patient erlebt sich dabei als »selbstwirksam«, er kann sich nun selbst helfen, anders als früher als Kind. Bestenfalls werden die Wunden der Vergangenheit geschlossen und der Patient macht die Erfahrung, dass er nun für die Erfüllung der eigenen Bedürfnisse gut sorgen kann.

Die zweite zentrale Technik der Schematherapie ist der Stuhldialog. Dafür werden im Zimmer des Therapeuten mehrere Stühle aufgestellt, denen jeweils bestimmt Modi zugewiesen werden. Wenn beim Patienten beispielsweise der leistungsfordernde Eltern-Modus aktiv ist, wechselt er von seinem auf einen anderen Stuhl und spricht aus diesem Modus zu dem jetzt leeren Stuhl.

Auch das unversorgte Kind, das der Patient früher war, bekommt seinen eigenen Stuhl – und der Patient kann darauf die dazugehörenden Gefühle erspüren und seine Bedürfnisse benennen. Es entsteht eine Art Inszenierung, in der die verschiedenen Stühle die verschiedenen Persönlichkeitsanteile, die Modi, zunächst getrennt aufzeigen und deren Funktion veranschaulichen. Indem der Patient zwischen den Stühlen wechselt, stärkt er seine gesunden Anteile und lernt, seine Bedürfnisse wahrzunehmen. Bestenfalls erklärt er am Ende von »seinem« Stuhl aus als gesunder Erwachsener der unerbittlichen Stimme auf den anderen Stühlen, dass er von ihnen befreit jetzt ein selbstständiges und glückliches Leben führen kann.

Doch auch nach einer Therapie bleiben die alten Schemata im Hintergrund erhalten und können ab und an zu Verhaltensrückfällen führen, wenn die bewusste Handlungskontrolle nachlässt, etwa wenn starke Gefühle aufkommen. Durch das stetige Einüben neuer Verhaltensweisen können sich diese aber verfestigen, sie laufen dann nach und nach automatischer ab – und der Patient profitiert langfristig davon.

Für den Erfolg einer Therapie ist es unabdingbar, dass Patient und Therapeut eine tragfähige Beziehung aufbauen. Wichtig ist eine grundsätzliche Wertschätzung des Patienten durch den Therapeuten. Dieser erkennt an, dass das problematische Verhalten des Patienten eine bisher gangbare Lösung für ihn war. Das mindert sein Schamgefühl und aktiviert die Hoffnung auf einen Weg zur Besserung.

Der Therapeut spricht das frühere Verhalten des Patienten einfühlsam-konfrontierend an und setzt nachvollziehbar Grenzen, auch indem er seine eigenen Gefühle und Bedürfnisse einbringt. Schließlich kann der Therapeut seinen Patienten schrittweise dazu auffordern, selbstständig nach neuen Lösungen zu suchen und Eigenverantwortung zu übernehmen.

Damit übernimmt der Therapeut eine Funktion, die in der Kindheit die Eltern hätten haben sollen: grundsätzlich wertzuschätzen und zu unterstützen, aber auch nachvollziehbare Grenzen zu setzen und maßvoll zu fordern, um das Kind angemessen auf die Bewältigung von Schwierigkeiten im Leben vorzubereiten. Die Schematherapie benutzt dafür den Ausdruck »Nachbeelterung«: Dem Patienten kommt eine gezielte nachträgliche elterliche Fürsorge zu. Er erhält die Art der Hilfe, die er schon als Kind gebraucht hätte. Die Therapie ist damit eine Art zweiter Bildungsweg für das Erleben von Beziehungen und das positive Gestalten von Beziehungen.

Der Therapeut macht den Patienten auch darauf aufmerksam, falls er in alte Denk- und Verhaltensmuster zurückfällt. All das verlangt viel Fingerspitzengefühl und besondere Aufmerksamkeit, um eine Überforderung zu vermeiden. Anders als einige »klassische« Psychotherapeuten spenden Schematherapeuten auch Trost und machen konkrete Lösungsvorschläge. Im Therapeuten finden die Patienten letztlich ein

Modell, an dem sie sich orientieren und die neuen Lösungsstrategien mehr und mehr verinnerlichen können.

Am Ende der Behandlung soll sich der Patient im »Modus des gesunden Erwachsenen« befinden, dem es mit einem liebevoll-vernünftigen Blick auf sich selbst gelingt, flexibel verschiedene Strategien im Umgang mit Problemen einzusetzen. Negative Gefühle können überschrieben werden durch ein Erleben von Sicherheit, Geborgenheit und Freude.

Die Schematherapie ist insofern ein sehr fortschrittliches Konzept, als dass sie den Betroffenen intensiv miteinbezieht. Alle Hintergründe und Vorgehensweisen werden erklärt und mit dem Patienten abgestimmt, sodass Patient und Therapeut gemeinsame Entscheidungen treffen.

Die Schematherapie bietet die Chance, eine Brücke zu schlagen zwischen den Problemen von heute und ihren Entstehungsbedingungen in der Vergangenheit. Durch den Blick auf die eigenen alten Wunden macht sie es schließlich möglich, unsere Kinder bedürfnisorientiert und zugewandt zu erziehen und in die Welt der Erwachsenen zu begleiten.